Tanja Mickeluhn, Heilpraktikerin für Psychotherapie, Yoga- und Meditationslehrerin und Autorin, hat in vielen Jahren der Praxis ein umfangreiches Wissen und ein feines Gefühl für das menschliche Bewusstsein erlangt.
Dieses vermittelt sie auf liebevolle und verständliche Weise in ihrem Buch.

DIE REISE

Was wünscht Du Dir?

Wenn Du erkennst wer Du bist, verschwinden Deine Sorgen, Deine Ängste und Deine Zweifel.
Frieden, Freude, Heiterkeit, Leichtigkeit, Klarheit und Lebenskraft sowie vieles mehr können sich endlich zeigen.
Was willst Du in deinem Leben?
Was kannst Du tun um Dich wahrhaftig zu erfahren, DICH wirklich kennenzulernen?
Diese Fragen hat sich Tanja an einem Scheidepunkt ihres Lebens gestellt. Sie begegnen ihr auch täglich in ihrer Arbeit als Therapeutin und auch als Yogalehrerin.
Eine der entscheidendsten Fragen:
WAS KANN ICH DAFÜR TUN?
Ich begebe mich auf eine Reise zu mir, meine Lebensreise.
Komm mit...

TANJA MICKELUHN

DEINE REISE DURCHS LEBEN

Niemand anderer kann Dir Frieden in Dein
Herz geben,
als Du Selbst

www.tredition.de

Verlag & Druck: tredition GmbH,
Halenreie 40-44, 22359 Hamburg
ISBN: 978-3-7482-7945-7

INHALTSVERZEICHNIS

Für meine lieben Kinder,
Pauline, Res, Lasse, Olivia

VORWORT

Was wünschst Du Dir von Herzen?
Ein fröhliches Leben, Gelassenheit und Schönheit?
Weniger Mühe und Anstrengung?
Dann mach! Es ist da, dieses Leben.
Das ist das, was ich einem jeden Leser und einem
jeden Menschen aus tiefsten Herzen wünsche:
Ein wertvolles Leben, Erfüllung und Freude dabei
zu sein.
Aus eigener Erfahrung und Praxis in meinem
täglichen Umgang mit all diesen Fragen, die so tief
in uns sind und herausquellen, ausgesprochen und
gefragt werden wollen, und vor allem gelebt
werden wollen, zeige ich in diesem Buch
Möglichkeiten, genau diese Wege der Freude und
der Authentizität zu gehen. Wie das überhaupt
möglich ist? In diesen Zeiten der Hektik, des
Konsums und der weltlichen Lage...? Es ist immer
und überall möglich! Denn Du bist entscheidend
auf diesem Weg und Du bist immer dabei, egal wo
Dein Weg Dich hinführt. Wirst Du Dir dessen
einmal bewusst, eröffnen sich Dir Tore...
Es ist wirklich möglich die Welt zu gestalten eine
bessere und ganz andere Qualität zu erlangen, wir
können das Leben eigenermächtigt gestalten, wir
müssen nicht aufgeben, resignieren und den Kopf
in den Sand stecken oder gar nur noch
funktionieren...
Es ist nie zu spät.

Nie zu spät für eine schöne Kindheit, sagte schon
Erich Kästner.
Nie zu spät für eine bessere Zukunft, und das
wissen wir alle, wenn wir nur wieder zuhören,
was der Mensch und die Natur brauchen...
Also beginnen wir JETZT, HEUTE!
Dabei möchte ich Euch begleiten und wünsche
Euch viel Freude beim Üben und Beschreiten ganz
neuer, ganz anderer Wege.
Greif zu, schöpfe aus dem unendlichen Feld der
Möglichkeiten.
Probiere es einfach aus...

Unsere Freunde, Familie, Partner, Kinder und all
unsere Beziehungen sind die vielen Möglichkeiten,
mit denen wir uns ein Leben lang beschäftigen.
Aus eben diesen haben wir die Möglichkeit
wahrhaftig zu erkennen, und zu verstehen wer
und was wir sind.

Behalte Deine Vision im Herzen und glaube daran

ICH

Ich.
Wer bin ich?
Was bin ich?
Was mach ich hier?
Was gehört zu mir?
Was fehlt?
Was ist das Ganze?
Mensch, Körper, Geist, Seele, Lebenskraft,
Energie...?

Warum ist das alles so?
Warum bin ich hier?
Wozu dient das alles?
Was ist denn eigentlich Sinn und Zweck des
Ganzen?
Wieso ist es so anstrengend?
Ich fühle nichts!
Ich fühle oft Traurigkeit?
Ist das Leben gut oder schlecht?
Ich will das so nicht mehr!
Das kann doch nicht alles sein!?
Ich weiß nicht mehr weiter!
...

Kommt Dir irgendetwas davon bekannt vor? Ein
wenig? Einiges? Vieles?
All das sind Fragen, die uns Menschen

beschäftigen. Jeder hat schon das ein oder andere Mal diese Stimme im Kopf gehabt. Woher kommt sie? Wer spricht das?

In meiner Praxis werde ich täglich genau mit diesen Fragen ans Leben konfrontiert.

Wunderbare Fragen, unglaublich wertvolle Fragen, denn sie wollen uns irgendetwas zeigen... Einen Weg? Wohin? Ins Ungewisse? Zu uns vielleicht?

Ist es nicht wundervoll sich selbst einmal so richtig kennenzulernen, verstehen zu lernen?

Ich freue mich jeden Tag die Leuchtkraft in den Augen meiner Klienten zu sehen, ihre Entdeckungen...ihre wachsende Begeisterung das Leben aktiv zu gestalten, ganz nach eigenem Geschmack.

Und das Schönste und Wertvollste daran ist, dass ich täglich mitwachsen kann und mich täglich neu entdecken kann, denn diese Leuchtkraft ist so ansteckend und so mitreißend, ich lerne immer neu und erfahre neu, denn sie zeigen mir Wege, die ich bisher nicht gesehen habe. Es gibt so viele Wege.

Das ist so ein unglaubliches Lebensgeschenk.

Dafür möchte ich mich bei all meinen Klienten und all den Menschen, denen ich begegne und mit denen ich im Austausch bin von Herzen bedanken.

Und werde ich all diese Fragen nicht mehr los und kommen sie jeden Tag und immer wieder, dann hat die Reise begonnen, das große Kennenlernen:

Eine Reise zu mir selbst.
Danke, dass ich so viele Fragen habe, das macht
mich neugierig.

Und wenn diese Fragen nicht auftauchen, dann
vielleicht diese:

Warum bin ich krank?
Warum tut mir alles immer weh?
Warum bin ich immer müde und erschöpft?
Warum immer ich?
Warum passiert immer nur mir so etwas?
Warum sind die Menschen so?
Warum gibt es so viel Leid überall?

Fühle kurz rein, wie wir gelernt haben zu leben, all
die Jahre, Jahrzehnte, Jahrhunderte? Wohin hat
sich unsere Tendenz entwickelt?

Der Ärger,
spüre doch mal und sei ganz ehrlich:
wie oft ärgern wir uns eigentlich? Fast schon ein
normales Gefühl, nicht wahr? Fast sogar schon ein
tägliches Gefühl...Der Ärger über das Wetter, der
verpasste Bus, die Verspätung des Zuges, der
verschüttete Kaffee, die Sprüche der Familie, der
Chef, die vielen Termine, der Nachbar, die Kosten,
der Mangel an Geld und Freizeit, die Eltern, Haus
und und und...
der Ärger über DIE VERGANGENHEIT...
Oh, da kommt aber einiges zusammen.

Und das so ziemlich jeden Tag.

Will ich das denn?
Wie lange mache ich eigentlich so noch weiter?
So viel Ärger und Unwohlsein.
Warum mache ich eigentlich so weiter???

Ärger ist Gift für unseren Organismus, er
produziert mehr und mehr schlechte Gefühle, man
kann es gar nicht mehr stoppen, denn im Gefühl
des Ärgers in die Welt zu schauen, bedeutet ich
sehe nur Ärger.
Der Körper produziert unablässig, Adrenalin, man
ist ständig in Alarmbereitschaft und wartet schon
auf den nächsten Ärger:
„JA GENAU, ich wusste es doch...!
Siehst Du schon wieder...!"
Das sind unsere Selbstbestätigungen.
Es wird sogar zur Sucht!
Kannst Du das schon fühlen?
So sehen wir es doch auch täglich an anderen
Menschen, so viel Ärger um uns herum.
Wegen was? Warum?
So viel regen sich über so Vieles auf. Wie gehen
wir denn durch den Tag?
Ist das denn alles wirklich so ärgerlich?
Oder haben wir nur eine Gewohnheit anerzogen
bekommen, die wir nicht wirklich mal reflektiert
haben, hat uns ja auch niemand gezeigt, es ist
NORMAL geworden.
Ist das so gedacht?

Soll es wirklich so sein?

Da wir ja in einer Welt der Polarität leben, ist doch auch die Kehrseite möglich.

Nur wie soll das geschehen?

Nur Schönheit und Glück?

„Ach Quatsch, die Realität ist anders...!"

Denken wir bereits so?

Weil die Vergangenheit es uns so gelehrt hat?

Weil unsere Eltern das gesagt haben, und auch unsere Lehrer in der Schule? Und weil alle so reden und so eine Haltung haben? Ja, dann ist es wohl so.

Sind wir ausgeliefert, sollen wir nur noch überleben?

Wer bestimmt das eigentlich, wer gestaltet denn eigentlich diese Realität?

Was vergangen ist, kannst Du nicht ändern,
aber Deine Sicht auf das, was war...

Spürst Du schon, WER unsere Welt gestalten kann?

Jeder Mensch, der in diese Welt geboren wird ist wissend, frei und voller Vertrauen, eine Seele, eine Kraft.

Jeder kommt auf die Welt um ER- WACHSEN zu werden.

Jeder wählt seinen Weg.

Manchmal scheint es uns aber nicht so, denn wir werden ja in Bedingungen hineingeboren, in

Strukturen, in ein soziales Umfeld, in Religion.
Aber irgendwann ist die Zeit reif und wir gehen
unsere eigenen Wege.
Aber wissen wir denn nun wo lang?

Haben wir gelernt, zu gehen? Uns zu entfalten in
vollkommener Größe?
Ist uns beigebracht worden zu fragen, zu
hinterfragen, in Frage zu stellen, zu forschen zu
verstehen?
Würde uns dann, wenn wir das täten, nicht jetzt,
in diesen Zeiten alles ein wenig, oder sogar um
einiges leichter fallen?
Hätte sich nicht sogar alles ganz anders entwickeln
können?
Ist nicht wichtig!
JETZT tun wir es.
JETZT fragen wir.

Der natürliche Bezug zu unserem Körper, als
Sprache der Seele ist verloren gegangen. Zu
spüren zu hören, zu fühlen...Wo ist es hin? Wann
tun wir dies tatsächlich? Wann hören wir wirklich
ganz genau auf unser inneres? Zu wenig Zeit?
Was will der Schmerz, der Frust, die Krankheit, die
Müdigkeit oder die Ungerechtigkeit mir sagen?
Was fehlt mir im Moment?
Wo ist es geblieben, unser uraltes Wissen, über uns
als Gesamtes...?
Wir hören es nicht mehr.

Wir können es wiederhaben.
Das Gefühl. Das Gespür. Die Intuition. Die Freude.
Die Liebe.
Sie ist in uns, diese Liebe.

JETZT ist der Tag an dem wir es wahrnehmen.
HEUTE.
Veränderung auf allen Ebenen ruft, drängt hervor,
voller Kraft und Lebendigkeit.
Nehmen wir sie an!
Lass uns schauen was geschieht, was es gibt, was
möglich ist, vielleicht viel mehr als wir es je
dachten...!?
Warum denn eigentlich nicht?

JA, ich will.
Ja ich will meine innere Haltung, meine Sicht,
meinen Blick auf die Welt verändern. Ich will
erfahren ob es andere Wege gibt, etwas ganz
Neues, oder etwas was ich fühlen kann, was zu
mir passt, was stimmig ist, etwas was zum
Menschsein passt, was uns alle weiterbringt, was
Frieden bringt...Kraft und Lebenslust...
Warum sollte es das nicht geben? Wer sagt, dass
immer alles begrenzt, ernst oder anstrengend ist?
JETZT, HIER und HEUTE bin ich bereit, ja ich
entscheide, ich mach mich auf den Weg. Ich freue
mich, kennenzulernen was ich noch nicht weiß, ich
freue mich darauf, mich und all meine
Möglichkeiten kennenzulernen. Hört sich das nicht
nach einer spannenden Reise an?

JA, ich will, ich freue mich.
Vielleicht lösen sich ja auch einige alte
Vorstellungen, Meinungen und Sturheit auf.
Wer weiß?
Vielleicht kann ich dieses Gepäck ablegen und
ohne diese Last der Machtlosigkeit weiterwandern,
mmh, könnte doch sein, dass ich unterwegs alles
bekomme was ich benötige.
Was habe ich schon zu verlieren?
So weitermachen? Im Hamsterrad?
Immer weiter beschweren und Schuldige suchen?
Lieber Anstrengung und Schmerz fühlen? Oder
ein Leben das ganz ok ist? Ganz ok? Ist das ein
wirkliches Ziel im Leben, hört sich das nach
Erfüllung an? Erfüllung gibt es nur im Traum? In
Geschichten? Warum?

Was könnte ich verlieren, wenn ich mal einen
anderen Weg ausprobiere?

MICH, MEIN SELBST, FREUDE, FREIHEIT,
FÜHLEN, SEIN...

Oder verlieren wir dies alles eher, wenn wir
stehenbleiben und uns verschließen? Ist das frei?
Ist das Freude? Immer das gleiche und immer die
gleichen Konflikte?

Oder könnte ich all das eher zurückgewinnen,
wieder erleben?
Warum nicht?

Wäre doch möglich

Die Kehrseite war ja auch all die Jahre möglich,
leben wir doch in der Dualität?
Also gute Reise.
Viel Spaß bei der Entdeckung Deines Selbst.
Lass es geschehen, lass Deine Flügel sich
ausbreiten in seiner gesamten Spannweite, fühle
das Fliegen, fühle mal wieder wie ein Kind.
Leben kann so leicht sein, Leben bedeutet Freude.
Das Leben will Leichtigkeit, es will Freude und
Glück hervorbringen...eben leben...

Ich freue mich für all die, die ihre Reise begehen;
diese Reise ist das Leben an sich.
Hier mache ich mein Leben zum Erfolg. Zu etwas,
das aus mir selbst entspringt, etwas Wertvollem
etwas Besonderem. Und das ist in einem jedem
Menschen von uns, etwas Wertvolles und
Besonderes.

Es gibt eine einfache Regel zu wissen wann ich,
ICH bin:
Immer wenn ich mich gut fühle!
Dann bin ich nah bei mir.
Immer wenn ich mich ungut fühle, zeigt es mir,
dass etwas nicht stimmt. Wenn dann dieses ungute
Gefühl von Dauer ist, bin ich dabei mich von mir
selbst zu entfernen, oder habe ich mich bereits
verloren, dann bin ich vom Weg abgekommen.
Wenn ich wieder in mich hinein höre, auf meine

innere Stimme, auf meinen Atem, dann weiß ich
sofort wieder, wer und was ich bin, ich fühle.
Ich fühle wieder MICH.
Und das ist ein gutes Gefühl.

Glaube an die Stärke, die in Dir schlummert
und erwachen wird

Manchmal hilft uns beim Suchen und Finden
neuer Ziele,
ein inneres Abtauchen

FRAGEN AN MICH

Werde Dir bewusst

Was will ich genau?
Wofür ist es gut, für mich?
Wie komm ich dahin?
*

Was wünsche ich mir?
Was wünsche ich mir von Herzen?
Was bin ich bereit zu geben?
Was würde meine Seele erfreuen?
Was tut mir gut?
Wo gehöre ich hin?
Was braucht mein Herz am allernötigsten?
Was will ich Neues erfahren?
Was will ich loslassen?
Was will ich erreichen?
Wen will ich erreichen?
Wovon habe ich schon immer geträumt?
Warum träum ich nur? Was hindert mich?
Was wollte ich schon immer tun?
Was möchte ich für mich?
Was möchte ich von mir?
Wie sehe ich mich eigentlich?
Wie möchte ich meinen Tag beenden?
Wie soll ein perfekter Tag für mich laufen?
Kann ich Freude wahrnehmen?
Kann ich Traurigkeit annehmen?
Wie oft möchte ich Freude empfinden?

Möchte ich authentisch sein?

Fühl ich mich autark?

Schau ich eher in die Vergangenheit?

Oder schau ich nach vorn?

Lebe ich im JETZT?

Schau ich mehr auf andere als auf mich?

Kümmere ich mich um mich?

Schau ich eher auf nicht Haben als …?

Fühl ich mich manchmal leicht und fröhlich wie ein Kind?

Was wünsche ich mir von meinen Mitmenschen?

Was gebe ich Ihnen? Das Gleiche?

Erwarte ich, dass alles geschieht für mich, ohne meinen Einsatz?

Und wenn nichts kommt? Wem gebe ich die Verantwortung für diesen Mangel?

Möchte ich selbständig und vollkommen frei sein, frei entscheiden?

Möchte ich frei meine Ideen und meine Meinung äußern?

Wie schaue ich eigentlich in die Welt?

Schätze ich meine Umwelt?

Will ich wertgeschätzt werden?

WER KANN DIE WELT VERÄNDERN?
WER GESTALTET SIE?
WER BEWEGT ETWAS IN DER WELT?

DIE PARTNERSCHAFT

„Die Ehe oder die Partnerschaft sind ein
Zusammenschluss von zwei Menschen, damit sie
gemeinsam die Probleme bewältigen, die sie nicht
hätten, wenn sie allein geblieben wären".
- Sprichwort -

Wie wahr...
Eine Chance für die eigene Entwicklung, Probleme
bewältigen - gemeinsam, Schwäche erkennen und
sie endlich annehmen, Machtpositionen
loslassen...und was noch alles, unendlich.
Manche reden von der Ehe oder der Partnerschaft
sogar als die höchste Meisterschaft.
Probleme und Schmerz zeigen uns immer, dass
Unstimmigkeit, Inkohärenz in uns herrscht. Sie
sind da, uns zu zeigen, etwas anders zu machen,
Neues auszuprobieren, auf diesen Schmerz zu
hören. Was will er uns sagen? Will er mir
aufzeigen, meine Interpretation, meine Sicht,
meine Haltung zum Schmerz, zum Problem...zum
Partner evtl. zu verändern? Ist das denn alles
richtig so? Und wer ist richtig? Ich? Der Partner?
Das Problem ist eigentlich kein Problem, nur
unsere Sicht darauf. Es ist einfach eine Situation, ja
sie kann schmerzhaft sein, wenn wir es zulassen, je
nachdem, wie ich mich entscheide...wie ich es
sehe...
Und diese Sicht beruht auf gelernten Mustern,
anerzogenes Denken und daraus resultierenden

Meinungen:

„So und nicht anders, ist doch logisch, so war es schon immer..."

Die schwierige Situation, der Konflikt, das andere am Partner, das uns so schier auf die Palme bringt, kann eine wunderbare Gelegenheit sein, uns zu ent—wickeln...wirklich zu sehen, zu wachsen, er—wachsen zu werden.

Ich habe die Chance aus einem Muster, das mich ja offensichtlich blockiert, auszusteigen, neue Strategien zu entwickeln oder auch einfach nur mal anzunehmen, zuzuhören, was mein Gegenüber mir zu sagen hat, warum seine Not so groß ist, dass er so unfair handeln muss, was ihm wohl fehlt...und auch mich wahrzunehmen, mein Herz zu hören, wie es spricht, was mir fehlt, was ich mir so sehr wünsche...und dieses dann auch zu äußern.

Neue Fußstapfen betreten, andere Wege gehen, neue Wege, eigene Wege. Raus aus den vorgelebten, anerzogenen, einengenden Pfaden, des Recht Habens, überhaupt des Haben Wollens...

Kinder und unsere Partner sind die Menschen, die es hinbekommen, uns am allermeisten zu triggern und sogar auch uns zu verletzen, so schmerzhaft wie es andere nicht vermögen würden.

Sie sind unsere engsten Wegbegleiter und unsere größten Lehrer und unsere Spiegel, ist das nicht eigentlich großartig?

Sie sind auch diejenigen, die uns am meisten lieben und die wir so sehr lieben.

Wenn wir achtsam sind und genau hinschauen, sehen wir doch die Menschlichkeit hinter der Fassade der Angst, Wut und des Angriffs.
Wir wollen nicht mehr unsere eigenen Ziele anderen aufdrängen und projizieren, denn unsere Ziele und Ideen sind nicht die Gleichen und das ist in Ordnung, jeder möchte seine eigenen Erfahrungen machen und dennoch kann man gemeinsame Wege beschreiten.
Vielleicht schaffen wir es dann auch in Zeiten größtmöglicher Überlastung und Aussichtslosigkeit in der Partnerschaft, uns daran zu erinnern, dass wir, genauso wie unser Partner, nur nach ein und demselben suchen, ja sogar danach schreien, uns anschreien, weil wir denken es nicht zu bekommen:
Die Liebe, die Anerkennung, das Gefühl wirklich und wahrhaftig gewollt zu sein.
Ist es nicht das?
Nimm Dir einen Moment Zeit da hinein zu spüren.

Meinen Partner, sowie mich selbst wahrzunehmen, mit all unseren Farben und Fehlern.
Durchatmen, fühlen: Trauer, Wut, Aggression, Eifersucht, Angst, ...
Nehmen wir uns wirklich die Zeit für dieses Durchatmen und Fühlen? Ist es nicht immer genau dieser Atemzug an Zeit und Wahrnehmung den wir uns nicht geben, und sofort handeln?
Aus der Wut heraus, aus der Ungerechtigkeit, aus der Angst und aus der Meinung Recht zu haben...

Alles Emotionen aus der Vergangenheit die wir bitterlich erfahren haben, als wir noch sehr klein waren...und nun immer und immer wieder diese gleichen Trigger und Emotionen erleben und darauf aufspringen. Und wir merken nicht, dass wir groß geworden sind, keine Kinder mehr. Wir sind freie Menschen, die selbst entscheiden können. Denn entscheiden und handeln wir aus uns selbst in diesen Momenten? Wirklich? Oder ist es unbewusst? Zu schnell? Oder gelernt? Abgeschaut von den vorigen Generationen oder anerzogen? Aus unbewussten Mustern?

"Du sollst…, dann bist Du gut…, lass Dir nichts gefallen…, box Dich durch im Leben…, heul nicht…sei stark…, sei ein Mann usw…"

Wäre es nicht ganz wunderbar, JA zu sagen, zu all unseren Gefühlen? Gute sowie Schlechte, sind wir doch immer noch in der Dualität.

Wäre es nicht ganz wundervoll eigenmächtig in die Kraft zu kommen, ohne Projektionen, ohne Verurteilungen?

Es wäre doch leichter, zu sprechen, wahrhaft sich zu äußern, nicht erst in der Wut.

Wir hören, sehen, fühlen:

Was will mir mein Partner sagen? Was will mir diese Situation, in der ich stecke, sagen? Wo soll das hinführen? Warum? Wozu? Andere Wege einzuschlagen, andere Möglichkeiten, andere Lösungen in Betracht ziehen? Vielleicht Lösungen und Ideen von denen wir zuvor nicht annähernd dachten, dass es sie gibt?

Und eine wunderbare Aussage entsteht.
„Aha, das ist ja mal was..., von dieser Seite habe ich das noch NIE betrachtet..., erzähl mir mehr davon..., ich höre Dir zu..., ich lasse Dich in Ruhe erzählen..., ich will es verstehen...ich will Dich und mich verstehen..."
Ist das nicht gar eine riesige Bereicherung? Solch eine Vielfalt an Lösungen oder Ideen oder Vorstellungen, Plänen und Zielen zu sehen? Das unendliche Feld des Potenzials? Was für ein Geschenk, zu sagen:
„Ja, ich bin wieder weitergekommen, oh so schön, wunderbar, ich bin gespannt, was noch so kommt, ich nehme es an, es macht mir Freude mich zu spüren..., es macht mir Freude gemeinsam weiterzugehen...Danke, dass Du so offen bist zu mir, mein lieber Mann/meine liebe Frau, danke auch fürs Zuhören..."
Wäre das nicht ein toller Denkansatz? Kommt er aus dem Verstand, oder bin ich da in meinem Herzen?

Unendlich - Nicht erklärbar - Alles möglich - Das glaubt mein Verstand sicher nicht!
Also werde ich weiter schauen und fühlen, um mein Herz noch mehr zu hören und zu öffnen, und dem Verstand etwas Pause zu gönnen. Ich möchte mich spüren, überall und immer. Ich möchte lernen zu fühlen, was richtig ist.

Der ehrliche Austausch regelmäßig mit unserem
Partner, kann wahrlich neue Impulse in unsere
Beziehung geben.

Also was will mein Partner sagen?
Was will er leben?
Was will ich sagen?
Was will ich leben?
Was kann ich tun?
Was kann ich ändern?
Was kann ich geben?
Wozu bin ich bereit?

Wieder viele, viele Fragen in mir.
Ich bleibe immer eine Frage...dann bin ich
unmittelbar bei mir selbst.
Da kann Liebe, Achtung und Wertschätzung
wieder die Oberhand gewinnen und sich
ausdehnen.

Natürlich ist das nicht immer leicht...es ist ja auch
so neu und so ungewohnt. So alte, so lange
einprogrammierte Meinungen und Ansichten auf
die Dinge und die Welt sind vielleicht nicht immer
so leicht und so schnell abzulegen, na und...dann
lassen wir uns halt Zeit und üben uns in Geduld...
Es bedarf an Übung, an Wollen, an Loslassen
unseres Egos. Es bedarf Mut und Neugierde die
Wahrheit über uns selbst kennenzulernen.
Wir sind es nun, die aus den Mustern treten,
gemeinsam mit vielen anderen.

Wir können verändern, wir können auch die Welt
verändern, wenn wir es wollen, wenn wir uns
dazu entscheiden.
Es ist nur ein Schritt, ein ungewohnter, ein zarter,
ein ängstlicher, raus aus dem vertrauten Boden,
wir wissen nicht wo der nächste Stapfen hinführt
und ob der Boden hält. Sicherheit? Vertrauen!
Was kann schon passieren?
Kann ich fallen?
Bin ich nicht schon oft gefallen? Was war dann?
Wieder aufgestanden, aus eigener Kraft!
Und wenn ich scheitere? Und nun? Was wäre
dann?
Durchatmen, fühlen, das Herz sprechen lassen und
hören.
VERTRAUEN.
JA ich will.
Was muss ich tun?

Hier gibt es einige Fragen die sicherlich schon aus
dir entsprungen sind, Du kennst einige davon,
aber hast du Dir je die Zeit genommen sie zu
beantworten?
Ich meine wirklich zu beantworten, wahrhaftig...
Nimm Dir auch wirklich die Zeit zu reflektieren,
meditieren, für Deine Innenschau...
Freue Dich.
Du wirst Dich kennenlernen.

DEINE WERTE

ein weiteres Konfliktpotenzial in Deiner Partnerschaft

Mach Dir ganz genau klar, welche Werte Du in Deinem Leben hast, erstelle eine Liste, schreib alles auf um es wirklich zu sehen, wirklich zu fühlen, während dem schreiben und während dem Lesen. Lese sie immer wieder durch, am besten täglich, um Dich zu erinnern, und tatsächlich nach ihnen zu leben, denn das ist ja auch Dein sehnlichster Wunsch.

Deine Werte können sich im Laufe der Zeit auch verändern, einige kommen vielleicht neu dazu, andere erscheinen vielleicht nicht mehr ganz so vordergründig zu sein, oder fallen sogar weg. Vielleicht haben sie ja auch nie wirklich zu Dir gehört, weil sie nicht aus Dir heraus entstanden sind, oder nur aufgenommen, nachgelebt oder anerzogen waren.

Jetzt beim Schreiben kannst du ganz klar hinein spüren, welche Werte im Leben für Dich wirklich wichtig sind, nimm Dir dafür bitte wirklich Zeit... so viel wie Du benötigst um die Wertigkeit wirklich zu spüren...

AHA das ist Dir also wichtig!
Das weißt Du jetzt ganz genau.

Nimm nun wahr, wie Dein Blick und Deine eigene
Wertschätzung Dingen, Menschen und vor allem
Dir selbst gegenüber, gewachsen sind...

In Bezug auf den Partner:
Ist das nun nicht ganz selbstverständlich und nur
natürlich, dass auch er seine Werte, Vorstellungen
und Wünsche hat?
Wenn nun Dein Partner sich auch die Zeit nimmt
eine ehrliche Liste zu erstellen, über seine Werte,
auch seine Wertigkeit, und es genauso macht wie
Du, mit Zeit, mit Ehrlichkeit, mit wahrem
Herzensgefühl, wenn auch er nun sehen kann,
welche Werte ihm anerzogen wurden, aus einer
sozialen Rolle heraus, aus der gesellschaftlichen
Norm heraus, aus dem Elternhaus, und welches
seine eigenen sind, die ihm wirklich sehr wichtig
und wertvoll sind.
Wie wäre das in einer Partnerschaft?
Das ist doch genau wie wir es wollen. Sehen und
gesehen werden, die eigenen Wünsche, Ideen und
Werte zu erzählen, in die Welt zu bringen, dabei
gehört zu werden und auch die von den Anderen
wahrzunehmen.

AHA das ist Ihm/Ihr also wichtig!
Das weiß er/sie jetzt ganz genau.

Und jetzt?
Gibt es jetzt ein Problem?
Oder können wir uns jetzt begegnen uns verstehen

und anerkennen?
Wir sind jetzt ganz ehrlich und offen zueinander,
niemand muss sich verteidigen, auch ist es gar
nicht notwendig den anderen zu bekehren,
Ist es nicht jetzt viel wertvoller und leichter? Nicht
so anstrengend?

Leg beide Listen zusammen und schau, ganz
neugierig und ganz frei.

„AHA, so siehst Du das also, das war mir gar nicht
so bewusst.
Schau mal, meine Werte sehen so aus…Da gibt es
doch bestimmt eine gemeinsame Schnittmenge,
wollen wir mal sehen?
AHA, stimmt, da ist einiges was uns beiden
gleichermaßen am Herzen liegt, nur haben wir es
so nie ausgesprochen und haben immer gedacht,
der andere versteht es nicht!
AHA, und alles, was nicht im Schnitt gelandet ist,
schau ich dennoch an, um Dich mein Lieber/
meine Liebe besser zu verstehen, denn ich will
Dich genauso kennenlernen wie mich selbst auch.
AH JA, einiges ist dabei, das habe ich so noch nie
gesehen, das ist interessant und hört sich gut an.
Aber anderes ist dabei was ich gar nicht so
empfinde, meinst Du, Du kannst das respektieren,
und auch mich verstehen?
Wir kommen doch nun besser zurecht, wenn wir
uns das auch weiterhin sagen und immer wieder
über unsere Werte im Lebens sprechen, da sie sich

ja verändern können und wir gemeinsam durchs Leben gehen wollen."
Dies alles sind sicher einige neue Einschätzungen die hervortreten.

Noch eine andere Qualität kommt zum Vorschein bei so einer wundervollen Auseinandersetzung: Niemand von beiden muss sich je verbiegen, sich unwohl fühlen oder etwas vertuschen, beide bleiben vor allem sich selbst und dem anderen treu, durch die Kommunikation und die Wertschätzung.
Die Gefühle sind ehrlich, ohne Angst und ohne Vorwürfe. Authentizität ist nun Dein ständiger Begleiter.
Niemand muss mehr oder weniger Recht haben, sind es doch alles Werte des Herzens, die gesehen und gelebt werden wollen. Alle haben Recht und es besteht immer die Möglichkeit durchzuatmen und nachzudenken, bevor man direkt reagiert.
Und es ist kein Problem einen Schritt auf den anderen zuzugehen, ohne etwas dabei zu verlieren, eher doch entsteht Kraft und Stärke – ein Gewinn.
Endlich hat es ein Ende, diese endlosen Vorwürfe, Aggressionen, Schuldzuweisungen. Haben sie uns nicht selbst immer am meisten verletzt? Die Schwingung der Polarität, ein Naturgesetz.
Gespräche auf Augenhöhe, Menschlichkeit, Gefühle, Respekt, anderer Ansichten, Akzeptanz haben nun übernommen und begleiten Dich. Dein

Weg kann nun weitergehen, gemeinsam, wenn Du magst und authentisch. Kein Stillstand, keine Aussichtslosigkeit, raus aus dem Teufelskreis. JETZT.

Halte für möglich, dass es in Deinem Leben immer irgendeine Schnittmenge geben kann aus der man gemeinsam schöpfen und gestalten kann. Manchmal gibt es auch keine oder man kann sie nicht sehen, ist das nicht auch vollkommen in Ordnung? Denken wir doch wieder an all unsere Farben und Fehler, wie bunt und facettenreich es ist, und jederzeit kann ich frei entscheiden.

Wenn Du dies ernsthaft und wirklich ehrlich tust, dann wirst Du sehen, wie Du selbst erblühst, wie Du sprießt und wie Du ganz und gar Du selbst wirst, in Deiner vollen Farbenpracht.

Du wirst spüren, dass Du immer selbst entscheiden darfst, welchen Weg Du gehst und Du wirst immer spüren wann es soweit ist, auch mal Abzweigungen zu nehmen oder Kompromisse die stimmig sind einzugehen, um niemanden zu verletzen unterwegs...

Du wirst wahrnehmen, dass es erlaubt ist. zu sein, wahrhaftig, zu fühlen und sich zu äußern.

Du darfst SEIN...

Und das wirst Du auch anderen in voller Liebe und Akzeptanz zugestehen und es ihnen auch wünschen.

Fühlt sich das nicht viel weniger anstrengend an als vorher? Ist das nicht sogar ganz leicht?
Also hinterfrage ich mich in schwierigen Phasen ausführlich und frage immer ganz tief in mich hinein:

Was bin ich bereit aufzugeben, was nicht?
Was bin ich bereit zu geben, was nicht?
Was fühle ich wirklich, und was tue ich nur weil...?
Liebe ich meinen Partner...liebe ich mich?
Was kann ich an Facetten der Individualität annehmen, was nicht?
Ja oder nein?
Schwarz oder weiß?
Und was ist mit all dem, was geschehen ist? Die üble Vergangenheit?
Hänge ich da fest, oder möchte ich vorwärts?
Wieder leben?
Kann ich jemals verzeihen?

JA, wenn Du Dir verzeihst und siehst, warum alles überhaupt so gekommen ist...

Gibt es noch Gemeinsames? Ja aber wie?
Vielleicht eine ganz andere Form der Beziehungsgestaltung wie oben schon erwähnt.
Du findest selbst noch viel mehr Ideen, sei kreativ.
Es gibt immer Wege,
WENN DU ES WILLST.

Wie auch immer, es wird auf jeden Fall gut und

stimmig, auch wenn es nicht unbedingt immer leicht sein wird. Es kann durchaus holprig und mühsam, anstrengend und kraftaufwendig sein, es braucht eventuell einen sehr langen Atem und Durchhaltevermögen. Es braucht Dein WOLLEN Jeder neue Weg muss erst mal erkundet werden, mal ist er steinig und schwer, mal weich und sanft wie eine Blumenwiese, nimm es an.

Nimm die HERAUSFORDERUNG an; das Neue, gib Dir Zeit, sei geduldig auch mit Dir. Welche Stimme ist das die da sagt: "Nein, das schaff ich nicht!"

Nimm Dir Zeit, sei neugierig, VERTRAUE:

Das Neue muss auch erst etabliert werden. Es ist Jahre, Jahrzehnte lang anders gewesen in Deinem Gehirn…es braucht vielleicht ein wenig, vielleicht ist es auch erst mal ganz leer, gar kein Weg zu sehen, weil so viel Verwirrung da ist, weil es so komplett anders ist!

Das ist gut.

„Was ist denn nun richtig und was ist falsch? Wohin soll ich denn nun gehen?"

Das sind die Fragen der Verwirrung.

Das ist gut.

Denn nun beginnst Du nach innen zu schauen und zu hören.

Vielleicht ist die Antwort nicht immer sofort da, weil niemand es weiß und weil die Zukunft nun nicht mehr auf Vergangenheit und Vorannahmen beruht, sondern leer ist, weiß wie ein leeres Blatt. Mal Du drauf!

Durchbrichst Du eine Gewohnheit Deines Lebensmusters, wirst Du Phasen durchlaufen, in denen Du nichts weißt...nichts mehr...kein Plan, keine Strategie, keine Vorstellungen, kein Richtig kein Falsch...OH...wie NEU...ganz frisch...wie gerade neu geboren...nimm es an...beginne zu gestalten und selbst zu kreieren...

Wenn Du dieses Schwindelgefühl und diese Leere wahrnehmen kannst, dann nehme das an, geh voll und ganz ins Vertrauen:

Es wird gut sein für Dich, es ist immer gut für Dich, wenn Du es willst! Dazu musst Du nicht wissen, WIE das geschehen soll, nur vertrauen, dass es geschieht...für Dich.

VERTRAUE.

Oft können wir dies mitten in der Krise nicht sehen und uns auch nicht vorstellen, aber hinterher ist es immer eine Aufgabe gewesen, die wir gemeistert haben. Und sie hat uns gestärkt, wir sind gewachsen, kräftig und eigenermächtigt daraus hervorgekommen. Dann können wir wiedersehen: das Neue, das Friedliche, das Leben und seine Schönheit.

Schau genau, dass hast Du in der Vergangenheit sicher auch schon selbst an Dir festgestellt, und sehen tust du es auch des Öfteren in Deinem Umfeld, bei Deinen Freunden und Bekannten. Sei ehrlich und schau auf die Erfolge. Miss Dich nicht weiter an Misserfolgen. Das kleine Kind, das gerade laufen lernt steht immer wieder auf, immer wieder will es versuchen, auch mal traurig auch

mal wütend, auch mal frustriert, aber auch lustig, lachend und voller Frohsinn. Unglaublich freudig, mit strahlendem Herzen beim nächsten erfolgreichen Schritt...
Lerne laufen, auf eigenen Beinen und gemeinsam mit uns allen anderen Menschen.
Viel Spaß und Freude dabei wünsche ich Dir, und ich weiß, Du wirst sie haben.

Ab JETZT, in Deiner Beziehung, in Deiner Partnerschaft, ganz bestimmt.
Spüre immer rechtzeitig, hör auf Deine Gefühle, nimm wahr, wann Emotionen auftauchen, wann es unstimmig wird, und auch wenn Freude kommt.
Das wird Dich von unnötigen Belastungen freihalten, die der Alltag sonst mit sich bringt, wenn Du nicht aufmerksam bist.
Wenn Du nicht Du selbst bist.
Beobachte, so verhinderst Du, dass der Alltag Dich übernimmt, Dich kontrolliert, Dich erdrückt und Du ausgeliefert erscheinst.
Du bestimmst, Du entscheidest, Du gestaltest, auch wenn äußere Bedingungen so erscheinen, als könne man nicht anders. Gerade dann...
HIER und JETZT, wenn Du im Beobachter bist, kannst Du das Feld der unbegrenzten Möglichkeiten fühlen.
Du bist ein Teil dieses Feldes, nicht getrennt.
Was für eine unendliche Weite, was für ein unendliches Potenzial, wie frei...
Viele dieser Vorstellungen, Möglichkeiten und

Ideen darin waren früher nicht ansatzweise zu sehen...

Vielleicht musst Du auch nicht immer sofort entscheiden, das Ende ist offen, auch in der Geschichte einer Beziehung, ein offenes Ende, ein unbeschriebenes Blatt, machen wir unsere ersten Fußspuren darauf, vertrauen wir, auch einfach mal ohne zu wissen, ohne zu kontrollieren, ohne einen Beweis, und auch mal ohne ein Versprechen abzuverlangen...

Ohne Angst irgendetwas zu verlieren, sondern mit dem Bewusstsein etwas zu bekommen!

Warum immer in Angst und Mangel denken?

In Fülle denken: das Leben kann auch geben, Freude, Kraft, Glück, Lebensqualität, ich muss es nur anschauen, wenn ich hinschaue ist es schon da und dann muss ich nur nehmen.

Ab JETZT gehst Du den Fragen die Deinem Herzen entspringen nicht mehr aus dem Weg, aus reiner Bequemlichkeit, Harmoniesucht, Ruhe, oder Angst. Du willst Dir die Antworten darauf geben. Du willst leben!

Du schaust nun ganz anders in die Welt!

Du schaust nun auch ganz anders in die Augen Deines Partners.

Ja manchmal lohnt es sich tatsächlich über Stock und Stein zu gehen und solcherlei Geschenke unterwegs zu bekommen.

Und voller Freude kannst Du sehen, dass dieser Weg kein Ende aufweist, denn Du hast Kraft, Lust

und Freude auch endlos zu laufen, zu sehen, zu entdecken, zu lernen und ZU LEBEN.
Die Neugierde, die Lust und die Selbstbeteiligung des Geschehens ist unser ständiger Begleiter geworden.
Wie wunderbar.

Zu helfen heißt: zu geben was der andere braucht,
nicht was er erwartet oder haben will

Menschen gehen so mit Dir um,
wie Du mit Dir umgehst

Bewahre Deine Erinnerungen als notwendige,
aber nicht dauerhafte Erfahrung

FRAGEN AM WENDEPUNKT

Neuausrichtung – Umdenken

Was bewegt mich WIRKLICH in meinem Leben?
Welche Wünsche ans Leben habe ich?
Welche Wünsche habe ich viele Jahre
weggedrückt?
Was kann ich loslassen? JETZT.
Was kann und will ich annehmen?
Was habe ich noch nie gemacht, wollte es aber
schon immer tun?
Was habe ich mir nie gegönnt?
Was habe ich mich nie getraut?
Wann bin ich so richtig lebendig?
Wann und wo spüre ich mich am meisten?
Was kann ich mich mal trauen, auch wenn ich
scheitere?
Wann genau spüre ich mich am meisten, voll und
ganz?
Was will ich so keinen Tag länger er-leben?

Viele eigene Fragen mehr....

Was würde geschehen, wenn ich das alles tue?
Was würde geschehen, wenn ich all das nicht tue?
Was wäre, wenn alles so wäre, wie ich es möchte?
Was würde passieren, wenn ich scheitere?

DIE ELTERNBEZIEHUNG

Diese Beziehung besteht ein Leben lang.
-Nicht selten auch ein wenig problembeladen-

Wenn wir uns mit den Prägungen aus unserer
Kindheit auseinandersetzen, stehen die Chancen
gut, den Kontakt zu den Eltern NEU zu gestalten,
in Frieden und gegenseitiger Akzeptanz.
Wir können erkennen, ob wirklich Abnabelung
und Abgrenzung geschehen ist. Ob wir wohl
wirklich erwachsen geworden sind?
Oft ist unbewusst eine enge emotionale Bindung
vorhanden, diese kann durchaus Aversionen
beinhalten, denn auch Aversion ist Bindung.
Dies gilt es zu erkennen, spüre rein, in Stille und
höre...
Wo hat das Loslassen noch nicht stattgefunden?
Wo bin ich noch mitten drin, in meinen kindlichen
Ansichten? In der Opferhaltung, machtlos,
ausgeliefert als Kind, das keine Wahl hat? In der
Ablehnung? Im Kampf, um Freiheit, gesehen zu
werden, auch sein zu dürfen?
In der Abhängigkeit, in der Angst vor einer
anderen Meinung? In der Angst nicht authentisch
seine eigenen Vorstellungen und Werte natürlich
und frei zu kommunizieren, ohne Gewalt, ohne
Streit und endloses Maßregeln und gegenseitiges
Bewerten?
Wenn Du in Dich hineinblickst, in Deine
Prägungen, Deine Muster und Vorstellungen vom

Leben und Deinem daraus resultierenden Denken, Fühlen und Handeln, wirst Du erkennen ob Du tatsächlich auf Augenhöhe mit Deinen Eltern bist, oder wo dies noch nicht der Fall ist.

Ob Du klein oder groß bist, Dich klein wie ein Kind fühlst, wenn Du in der Nähe der Eltern bist. Das kann durchaus wechseln. Denn gerade ein `klein fühlen´ lässt uns Menschen gerne auf ein Podest steigen und dann schauen wir von oben herab.

Also spüre genau, aus welcher Perspektive schaust Du in Gegenwart Deiner Eltern in die Welt?

Erfahre Verständnis und Einblick in dieses Zusammenspiel, in Deine Verstrickungen.

Erkenne Deine daraus resultierende Rolle.

Sei ehrlich, liebevoll und respektvoll mit Dir.

Eventuell hältst Du an dieser Rolle des NICHT VERSTANDEN WERDENS, DES NICHT GESEHEN WERDENS, ICH MUSS WAS DAFÜR TUN, UM ENDLICH ANERKENNUNG ZU BEKOMMEN, so sehr fest, dass Du es zunächst vielleicht gar nicht so empfinden kannst. Gib Dir ausreichend Zeit dafür, schaff Dir Raum, Ruhe und Stille.

Meditiere, reflektiere, beobachte sanft, schau zu wie ein Zuschauer im Schauspiel, von außen.

Es ist nicht immer sofort alles ersichtlich und klar, es hat ja auch soooo viele Jahre anders existiert in Deinem Bewusstsein! Das Muster muss erst mal gesehen werden, dann kann es gehen und durch üben und anerkennen verändert werden.

Diese Denkmuster sind im Gehirn seit so vielen Jahren eingeprägt und auch vernetzt worden, dass bereits ein Automatismus entstanden ist, den wir zum Teil gar nicht wahrnehmen.

Das anzuerkennen braucht Deine Willenskraft, Zeit, Liebe, Geduld, und ganz viel Selbstannahme. In manchen Fällen sind wir sogar so identifiziert mit unserem Denkmuster, dass wir es als unser eigenes empfinden, als Charakterzug und Eigenschaft, die zu unserem Wesen gehört!

Ist das denn wirklich so?

Habe ich das jemals hinterfragt?

Bin ich wirklich so auf die Welt gekommen und habe als Neugeborenes schon so gedacht?

Was wäre, wenn ich in einem anderen sozialen Umfeld geboren worden wäre?

Bei anderen Eltern aufgewachsen wäre?

Meine Glaubensausrichtung, wäre sie wirklich ernsthaft ganz genauso wie ich sie JETZT empfinde?

Oder lohnt es sich kurz mal nachzufühlen?

Was ist denn wirklich meine Idee, meine Meinung, mein Gefühl?

Was von all dem wurde mir nur erzählt, mir anerzogen, mir beigebracht, mir vorgelebt?

Um Antworten darauf zu bekommen, bedarf es eines etwas tieferen Blickes nach Innen. Die Antworten sind in Dir, sie kommen aus Dir, niemand anders kann sie Dir geben, ist doch JEDER wie man sieht, von äußeren Bedingungen

stark geprägt.
Lass für einen Moment mal all diese Bedingungen
los...
Was entsteht nun?

PROBIER ES AUS.
Fühle rein, nimm wahr wie unendlicher Raum
entsteht, einfach sein, ein Wesen, ein Mensch...
ohne all diese Vorstellungen, viel freier, viel
leichter, ohne all diese Verurteilungen...
Probiere es aus, Du kannst nichts verlieren.
Kommt da nicht enorme Kraft zum Vorschein?
Deine wahre Natur? Klarheit? Plötzlich können
starke Verstrickungen sich lösen, Verzerrungen
gehen.
Du kannst sehen...
Es gibt Möglichkeiten, dieses Bewusstsein zu üben,
diesen neuen Weg zu gehen, weiter und weiter in
die Erkenntnis zu gelangen und loszulassen, all
diese Emotionen, die einfach nicht gehen wollten
und immer und immer wieder auftauchen, allein
schon beim Gedanken an bestimmte Personen
oder Situationen...
Es ist die Innenschau, die Selbstwahrnehmung, die
Dir ermöglicht, Dich als Gesamtheit
wahrzunehmen mit all Deinen Emotionen,
Gefühlen, Denkveranlagungen, Begrenzungen und
Deiner Unendlichkeit.
Du bist Potenzial, reines Potenzial, Du kannst aus
Dir schöpfen, wahrhaftig.
Greif zu, es bietet sich Dir ein grenzenloses Feld an

Kreativität, Ideen, eigene innere Haltung wahrzunehmen und zu unterscheiden, wirklich eigene, die tatsächlich zu Dir passt, Du kannst wahre Kohärenz wahrnehmen.

Nur zu, schaue und spüre immer wieder.

Schreib auf, ein leeres Buch kann Dich begleiten, ab jetzt!

Deine Gefühle, Gedanken, VERÄNDERUNGEN und ERKENNTNISSE, schreibe sie auf. Erinnere Dich, in dem Du wieder liest was Du geschrieben hast, um dran zu bleiben, neu zu vernetzen, Dein Altes zu überschreiben mit Deinem eigenen Leben...

Denn das ist die Idee, die hinter einem jedem Menschen steckt.

Die Weiterentwicklung, Die Erfahrung, Neues zu entdecken, das eigene Wachstum, das Fühlen und sich selbst voll und ganz kennenzulernen, immer wieder neue Ebenen zu erforschen und daran zu wachsen.

Zurück zur Eltern–Erwachsenen–Kind–Beziehung.

Das Geben und Nehmen ist ein sehr großes Thema hier. Es ist mit vielen Widerständen, Aversionen und auch mit Wut und Recht haben verbunden. Laut Entwicklungsforschung haben Menschen, die das Gefühl haben eine gute, schöne Kindheit gehabt zu haben, also ein Gefühl von Nichtentbehrung und Anerkennung, den Eltern im Alter leichter behilflich sein können und sie evtl.

sogar leichten Herzens pflegen können.

Hat hingegen jemand eher das Gefühl von zu wenig Liebe, also Entbehrung, eine unerfüllte Kindheit, unausgewogene Gefühle in der Erinnerung, wird es ihm schwerer fallen zu geben, was er/sie selbst nicht bekommen haben, und somit auch zu nehmen, anzunehmen, wenn dann doch mal etwas Gutes da ist.

Die Balance von Geben und Nehmen ist nicht gegeben. Es ist jedoch nie zu spät, hier die Balance zu erschaffen, ein GERNE GEBEN zu fühlen und ein leichtes Annehmen. Du holst Dir diese Balance, indem Du beginnst wahrzunehmen, wie eigentlich alles wirklich ist, und was Du all die Jahre nur gedacht hast, dass es so ist.

Setzt man sich mit seinen Prägungen aus der Kindheit auseinander, kann die neuronale Umstrukturierung geschehen, die neuen Verbindungen können nun führen und die Gegenwart erkennen. Du kannst kreieren, vergeben, Groll, Aversion und Widerstand auflösen. Das ist der Gewinn – das Neue Bewusstsein, die neue Ausrichtung und das natürliche Wahrnehmen. Es kann mit oder ohne Eltern geschehen, beides ist möglich. Oft ist es ausreichend, dass nur für sich zu tun, und dennoch werden sich auch bei den Eltern Dinge lösen, denn sie kommen automatisch in das Quantenfeld des Bewusstseins und werden von Deiner Leuchtkraft angezogen, die Dein Feld um Dich herum beeinflusst. Das ist Polarität, das was

Du gibst, bekommst Du zurück, sogar in mehrfacher Menge. Ob die Eltern sich nun bewusst oder auch unbewusst verändern, weicher werden, offener, gelassener, das spielt dann keine Rolle.
Du bist verändert und Du siehst nun anders.
Das innere, verletzte Kind sollte nicht darauf hoffen, dass es von den tatsächlichen Eltern nochmal Liebe bekommt. Besser man begegnet diesem Anteil als eigenständiger Erwachsener: Du weißt ganz genau was dieses Kind benötigt, was die Entbehrung ist. Du kannst die Liebe und die Fürsorge geben. Du kannst es am allerbesten sehen und fühlen. Du kannst dieses Kind jetzt mit Deinem inneren Auge und Deinem Herzen in den Arm nehmen. So heilst Du nicht nur das verletzte Kind sondern auch Dich, Du fühlst Dich voll und ganz. Frieden breitet sich aus, die Liebe, die Du Dir so sehr gewünscht hast.
Frieden mit der Vergangenheit, lass sie los, gib ihr nicht die Macht über Dich, gib ihr nicht so viel Wertigkeit, sie ist vorbei. Du bist erwachsen, lass los, Du kannst JETZT anders, Du bist nicht abhängig von Geschehnissen. Schau jetzt, schau neu, schau erwachsen. Spüre mal wie es ist, Deine Geschichte loszulassen, tu es JETZT. Schließe die Augen und spüre, nimm alles an was kommt, gib den Widerstand auf, gib das Kämpfen auf, spüre nur was ist...
Du bist...
Und Du hast gelernt zu geben, aus freiem Herzen, ohne Gegenleistung, ohne Bedingungen, ohne

„aber erst wenn Du...dann ich auch!...Du bist
immer so...Du bist so gemein...Du bist, Du
bist...erst wenn Du anders bist, liebe ich Dich
wieder...erst wenn Du alles veränderst, dann..
Wenn Du mir Liebe gibst, gebe ich Dir Liebe...“
Der Teufelskreis hat endlich ein Ende, eine andere
Richtung. In Richtung Helligkeit und Liebe dreht
der Kreis sich nun.
Es ist ein Gesetz der Natur, dass Du nun in
1000facher Form davon zurückbekommen wirst.
Dein Strahlen und Deine Leichtigkeit, Deine
Lebensfreude stecken an, all die, die in Deine Nähe
kommen und sie können dann ebenso leuchten.

Verbessert sich dadurch tatsächlich das Verhältnis
zu den Eltern?
Eine Garantie gibt es wohl nicht. Denn auch sie
haben die Wahl, frei zu entscheiden, den Blick ins
Licht oder in die Vergangenheit, den Groll und die
Frustration oder die Veränderung, die Freude.
Deshalb ist es auch nicht sinnvoll, Dich so sehr mit
ihrer Veränderung zu beschäftigen, oder zu
versuchen sie zu heilen, oder zu bekehren.
Tu es für Dich selbst, für Deinen Weg, für Deine
Kraft. Für Dein eigenes Fühlen zurück zum
Ursprung und zur Lebensfreude.
Wir wollen und können nicht andere verändern,
wir können nur auf unser eigenes Wohlbefinden
achten, unsere Haltung und unsere Sicht
verändern. So ziehen wir andere mit oder eben
auch nicht...wir können es akzeptieren.

Jeder Mensch geht seinen eigenen Weg und hat sein eigenes Tempo. Es wird uns nun nicht mehr verletzten, denn es hat nichts mehr mit uns zu tun. Wir können einfach empathisch sein und annehmen. Wir können nun auch den inneren Schmerz der Eltern und den Schrei nach Anerkennung sehen. Wir können in Frieden loslassen und uns anderem zuwenden, ohne Hass und ohne Schmerz. Es ist unsere Wahl, wir können wählen, wir sind er-wachsen.

Gib Deinem Gegenüber immer das was Du Dir am Allermeisten aus tiefsten Herzen erwünscht hast... und immer noch wünscht...

Vielleicht hast Du nun Lust die Bindung zu Deinen Eltern und die Verstrickung und das angestrengte „unbedingt unabhängig sein", mal genauer anzuschauen.

Ist heute vielleicht der Tag an dem Du Ihnen das geben kannst was Du nicht bekommen hast? Wäre doch möglich oder? Mal was ganz anderes.

Probiere es aus, was kann schon geschehen...

was geschieht, wenn man gibt?

Na?

Was Du Dir so sehnlichst wünscht, das
verschenke…
dann wirst Du bekommen.

Du kannst die Liebe, die Du suchst niemals in
anderen finden, weil diejenigen, bei denen Du sie
suchst, die Liebe auch suchen! Sie aber vielleicht
auch noch nicht gefunden haben.
Wie sollen die Dich Menschen lieben und Dir das
geben, was Du Dir so sehnlichst wünscht, wenn sie
selbst ebenso wenig wie Du wissen, was denn
Liebe eigentlich WIRKLICH ist...?
Du bist die ganze Zeit in Erwartung, weil sie Dir
einfach nicht geben, was Du willst!
Es ist doch zum Verzweifeln.
Genauso geht es dem, von dem du erwartest...
Eigentlich würden Dir alle sooooooo gerne geben,
aber sie können nicht, weil sie selber noch suchen...
somit verletzen wir uns gegenseitig.
Wir fühlen uns zurückgewiesen und denken, sie
lieben uns nicht!
Aber so ist es gar nicht!
Also:
Wie willst Du etwas geben können was Du selbst
nicht hast.
Die wahre Wertschätzung und die wahre Liebe...
Spüre sie, fühle sie, Du hast sie in Dir!
Du kannst aufhören zu suchen!
Du kannst jetzt geben!
Schau was passiert, wenn Du nun gibst!

Wir können so viel schenken: Liebe, Zuneigung,
Zeit, Anerkennung und glückliche Momente.
Lass uns großzügig sein mit all diesen Gaben,
die uns ebenfalls zum Beschenkten machen.

Spüre Dich jeden Tag neu, als wäre es der
Wichtigste in Deinem Leben.
Denk an Deine Lieben und an alles was Du Dir für
heute vorgenommen hast.

Eine mühelose Haltung und ein
friedliches Anerkennen ist die grundlegende Natur
der Psyche.

Wir haben nicht gelernt, wirklich erwachsen zu werden, zu er-wachsen, raus zu wachsen aus den Kinderschuhen. Wir haben nicht gelernt, wirklich wie Erwachsene zu handeln, wie Erwachsene zu kommunizieren, geschweige denn wie Erwachsene zu denken.

Uns wahrhaftig erwachsen zu fühlen.

Ist da nicht was dran? Fühl mal hinein, nimm Dir die Zeit, mach die Augen zu und spüre einen Moment.

Wie fühle ich mich, wenn meine Mutter mein Vater vor mir stehen,

eine andere Autoritätsperson, überhaupt andere Menschen?

Meistens entweder klein oder groß?

Mmh...

Warum nicht immer und zu jeder Zeit auf Augenhöhe? Sind doch nun alle erwachsen.

Lass los aus der Sicht des ausgelieferten Kindes zu schauen. Es ist vorbei.

Diese Lernentwicklung, dieses Selbstgewahrsein ist in unserer Gesellschaft verloren gegangen, schon vor vielen, vielen 100 Jahren. Wir haben den Blick auf Macht, Kampf, Mangel und Überleben gerichtet, nicht mehr auf LEBEN.

JETZT erkennen wir, und durchbrechen diese alten Mauern, wir gehen wieder den Weg der Weisheit, der Entwicklung unseres Wesenskerns und des Fühlens, den Weg der Freude.

Wir sind jetzt:
unabhängig
autark
nicht automatisiert
nicht ausgeliefert
eigenermächtigt
alt genug
weise
wir fühlen.

Wir Menschen haben die Neigung, entweder
Werte der Eltern unbemerkt zu übernehmen oder
genau andere, gegenteilige Wertvorstellungen zu
entwickeln um uns frei zu kämpfen, das ist dann
mit Gewalt und Anstrengung verbunden, eben ein
Kampf. Der endlose Kampf frei zu sein hat soeben
begonnen...
Das ist nicht frei und unabhängig, das ist
Anstrengung pur, für beide Seiten.
Für die Eltern, durchsetzen, durchsetzen,
durchsetzen.
Für die Töchter und Söhne, freischaufeln,
freischaufeln, freischaufeln...
puh...
Diese Positionierung:
„Ich habe recht, meine Ansichten, meine Werte
sind definitiv die Richtigen, die Besseren!!!"
Stimmt das denn?
Um was kämpfen wir denn da?
Ums gesehen werden? Um richtig zu sein?

Überhaupt das Recht zu haben so zu sein?
Um frei zu sein?
Muss man denn wirklich dafür kämpfen? Warum?
Ja wir glauben das und tun das:
JEDEN TAG.
Es ist nicht nötig.
Du bist.
Du bist frei, Du musst das nicht verteidigen oder
unbedingt beweisen.
Du bist.
Fühlt sich das nicht leichter an? Wirklicher?
Wir haben das so nicht gelernt.
Niemand hat uns so unsere Wertigkeit vermittelt
bzw. spüren lassen...
Niemand hat uns gezeigt wie überhaupt dieses
Fühlen geht, und was für eine Bedeutung es für
unser Leben hat.

Jetzt aber sind beide Parteien, Eltern und Kinder,
erwachsen.
Jetzt haben wir tatsächlich manchmal andere
Wertvorstellungen und Haltungen.
JA, und ist das nicht wunderbar? Ist das nicht
wertvoll?
Jetzt können wir zusammenlegen, die Schnittstelle
anschauen, wie spannend und schön das andere
zu sehen und anzuerkennen
Lernen wir nicht jetzt erst wirklich uns und auch
unsere Eltern kennen?
Denn jetzt reden und diskutieren wir auf
Augenhöhe, ohne Bewertung und Verurteilung.

In Akzeptanz, und alles was nicht in unserer Menge gelandet ist, dem schenken wir keine Aufmerksamkeit, wir verschwenden nicht unnötig Energie darein, andere umzupolen und sie zu zwingen nach unseren Maßstäben zu leben.
Wollten wir ja Jahre und Jahrzehnte lang auch nicht blind das Leben was uns gezeigt wurde!

Passend nun eine wahrhaft spannende Beziehung
Die Mutter - Tochter - Beziehung.

Wenn die Mütter die Erziehungsmethoden der Töchter kritisieren, sich ungefragt einmischen, weil sie ja immer noch in der Rolle der Mutter steckengeblieben sind, diese einfach nicht losgelassen haben als es an der Zeit war...vor vielen Jahren...
Und wieder sind wir am Punkt:
Die Loslösung zwischen Mutter und Tochter hat nicht stattgefunden. Es wurde nicht wahrgenommen, dass, das eigene Kind nun auch erwachsen, autark und selbst ist.
Genauso wenig hat das Kind (die Tochter) bemerkt wann es soweit war, und sie kämpft immer noch, und kämpft und kämpft...um endlich zu sein.
So bleibt die Tochter auch mit 30, 40, 50 Jahren noch das Kind für die Mutter und so fühlt sie sich dann auch in ihrer Gegenwart.
Genau das ist ein entscheidender Entwicklungspunkt, ein Scheidepunkt in unserem

Leben, dem keine Beachtung geschenkt wird in den herkömmlichen Erziehungsmustern.

Letzten Endes ist es aber doch genau das, was wir und für unsere Kinder sooo sehr wünschen:

Ein freies glückliches Leben, unabhängig und mit eigenen Ideen zur Verwirklichung und Stärke alles zu meistern...eben sich selbst zu fühlen.

Mmh, und wie soll das nun geschehen?

Da wir es ja doch in Wirklichkeit so sehr blockieren, und diese Kinder gar nicht frei und stark und selbst sein können...weil wir nicht loslassen...

Wie widersprüchlich!

Anstrengung und Kampf um die eigene Wertigkeit...

So leicht könnten wir Wertschätzung geben, ohne Gegenleistung und ohne sie anderen aufzuzwingen. Wir können leicht und gelassen geben, denn wir hören auch von Anderen, andere Möglichkeiten und vielleicht nehmen wir ja auch das ein oder andere mal etwas Neues, anderes, an.

Wenn wir mal hinein fühlen in das Loslassen... Sein lassen...und Anerkennen...

ist es dann nicht so, dass, das Kind dann überhaupt erst richtig SEIN kann? Dann kann es erst sich selbst wahrnehmen wie es ist, ganz, authentisch, frei und geliebt.

Denn erst durch Loslassen und Anerkennen kann wahre Liebe fließen.

Und gerne und freiwillig helfen wir uns nun

gegenseitig und erkennen immer, wann es wieder gilt loszulassen...Rollen, Identifikationen, Meinungen, alte Strukturen...

Lass uns erkennen, dass wir losgelöst sind!

Wenn die Eltern es nicht tun, dann lassen wir eben los und dann lassen wir unsere Kinder los. Sie müssen nicht mehr so sehr kämpfen um zu sein, lassen wir sie heranwachsen und schauen zu, was sie uns zeigen wollen.

Lass uns lernen, auch von Kindern...sie wissen so viel.

Dennoch bleiben wir immer ein Stück weit das Kind unserer Eltern. Und daraus kann Leichtigkeit und Fröhlichkeit hervortreten.

Der Kampf sich zu präsentieren hört auf, wir freuen uns über so ein wonniges Gefühl zu sein, angenommen zu sein, dass wir uns immer so sehr gewünscht haben, auch mit über 40 vielleicht noch, beschützt und geliebt. Jetzt lassen wir uns gerne mal mit einem guten Essen von Mama verwöhnen und gerne helfen wir, wenn unsre Stärke gefragt ist...

Geben und Nehmen.

Auch fragen wir nun gerne und vollkommen entspannt um Rat und Hilfe in unserer eigenen Kindererziehung, wie leicht.

Sehen wir jetzt:

diese starke kraftvolle Verbindung ist ein lebenslanger Prozess.

Alle Menschen durchleben das, ganz gleich welche

Form und welche Entfernungen...
Selbst wenn man sich abwendet von den Eltern,
weil die realen Tatsachen doch zu übergriffig
waren, oder immer noch sind, ist dann genau auch
dass ein Prozess.
Ein Prozess des Erkennens und des Loslassens.
Auch hier gibt es eine VER – BINDUNG.
Ein intensiver, sehr wertvoller Prozess, wissen wir
doch, dass wir alle Möglichkeiten haben...
JETZT...
Spüre.
Lass auch diese Geschichte los.
Dieser ganze Weg des Annehmens und Loslassens,
ist auch ganz ohne andere Beteiligte, den Eltern
möglich.
Nimm Dich darin wahr und lass los, die Rolle die
Du angenommen hast...die Vergangenheit.

Das ist die ENT – WICKLUNG
Deine Entwicklung.
Deine Reise durchs Leben.

Alles was Du aussendest, fließt zu Dir zurück!
Warum nicht Freude, Frieden, Leichtigkeit
aussenden?

Diejenigen, die das Unmögliche wollen,
verändern die Welt

Berühre die Welt mit Liebe,
nicht mit Angst
- Gandhi-

MEINE BEZIEHUNGEN

Streiten will gelernt sein.
Haben wir verlernt zu streiten? Es gibt so viel,
unendlich viel Streit auf dieser Welt...
Vielleicht weil wir nur streiten, ohne ein Ende,
ohne eine Lösung zu finden.
Warum ist das so?

Es ist entstanden aus dieser unbemerkten
Verstrickung zu all unseren Bindungen,
zu unseren Eltern, unseren Kindern, unseren
Freunden, den Chefs, den Situationen und ja, sogar
den materiellen Dingen.
Wir können nicht mehr klarsehen und
unterscheiden, was von welchen Gefühlen woher
kommt, wem was gehört und was ich überhaupt
damit zu tun habe...
Wie soll denn jetzt im Streit überhaupt eine
Lösung herbeikommen? Ist die Lösung die, dass
der andere auf jeden Fall so fühlen und so denken
soll wie ich? Hurra! Wäre das die Lösung?

Was ist dann mit dem Streitpartner? Ist er dann
super glücklich?
Oder hat er nicht auch gedacht, dass unbedingt
bitte seine Sicht die Richtige ist?
Was dann? Wo hätte es denn dann eine Lösung?
Eine stimmige, eine, die beide weiterbringen
würde.
Streit darf durchaus sein. Wir müssen nur

akzeptieren, dass wir und die anderen nicht immer 100 Prozent reflektiert handeln. Uns passieren Fehler und Fehleinschätzungen und jeder von uns lässt sich mal von seinen Gefühlen überrollen. Akzeptieren wir, atmen durch und stehen wieder wie erwachsene einander gegenüber...

Warum nicht?

Was kann wohl passieren?

Manchmal kann es durchaus gut sein, dass wir etwas lauter und bestimmt sind, z.B. wenn Gefahr droht, wenn es um menschliche Sicherheit geht, ja auch wenn wir erkennen, dass sich Verletzungen anbahnen...

Wir können das Aufkommen spüren und sehen lernen...aus dem Beobachter, dann stehen wir ein, dann ist es wahr und richtig, dann müssen wir nicht kämpfen und beweisen, dann sind wir...dann können wir uns einander anvertrauen und uns auch trauen.

Dann können wir ruhig und ehrlich sprechen was uns nicht stimmt und ebenso können wir ruhig und gelassen zuhören, was wohl den anderen zum Streit veranlasst.

So ist es möglich Differenzen und menschliche Unterschiede anzuerkennen, oder sich abzuwenden, wenn keine Notwendigkeit besteht dieser Energie zu folgen.

Wir alle sind Menschen mit Gefühlen und Emotionen, mit Meinungen und Ideen.

Das gehört zu unserem Leben, das zeichnet uns als Wesen, als Mensch aus, sonst wären wir nur

Materie.

Lass also los in Positionierung, Dich über einen zu stellen, Recht zu haben, zu kämpfen um Dein Recht.

Du bist richtig.

Wenn du also in Deiner Kraft und Gelassenheit bist, Dich als Gesamtes wahrnehmen kannst und so in die Welt schreitest, Deine Reise begehst...so strahlst Du genau das aus:

Liebevolle Selbstsicherheit und Akzeptanz.

Dann hat der andere die Gelegenheit ebenso diesen Weg zu nehmen, den Weg des Lichts und der Kraft. Das ist der Weg des mühelosen Lebens.

Der andere hat Gelegenheit zu hören, was ist und was nicht ist, sein Herz zu hören, weil auch er JETZT keinen Druck mehr verspürt und sich nicht mehr um alles in der Welt verteidigen muss.

So können wir uns alle wieder begegnen. Wir können lernen voneinander und wir können uns gegenseitig unterstützen im Suchen und Finden und in unserer Entwicklung.

Gemeinsam macht es doch so viel mehr Freude, als immer als Alleinstreiter unterwegs zu sein.

Die Wahrheit muss niemals jemanden
aufgezwungen werden.
Wahrheit ist.

Jeder der das spürt, hat kein Verlangen, Druck auszuüben oder sich drücken zu lassen.

Einer der schwierigsten Konflikte ist jedoch unsere

innere Balance, unsere eigene Kohärenz.
Nahezu alle Muster und Glaubenssätze tragen genau dazu bei, nicht wirklich authentisch zu sein, und es lange Zeit auch gar nicht zu bemerken.
Die richtige Balance zu finden, zwischen unserem Bestreben nach Autonomie und einem tiefen Wunsch nach Bindung und Anerkennung ist eine Meisterschaft...
Dieses innere Gleichgewicht zu spüren, das ist wahre Freude und Befreiung.
Die Inkohärenz wirkt sich sehr auf unser Gefühl von Selbstwert aus, wirklich und wahr zu erkennen zu handeln und zu fühlen...
"Woher soll ich wissen, ob es richtig ist?"
Das kann man niemanden erklären, das kann man nur fühlen, allerdings nur wenn man wirklich will und ehrlich zu sich selbst ist, wenn man sich die Zeit und den Raum für die Stille nimmt und nach innen hört.
Dann wird die Antwort kommen.
Denn diese Ungleichheiten in uns selber, diese ständigen Zwiegespräche die wir mit uns selbst führen, sind maßgebend für all unsere interaktiven Handlungen und unsere Beziehungen.
Wir sollten uns tatsächlich Zeit schenken mehr Stille zu erfahren, um uns bewusst zu werden: Wohin wir unsere Aufmerksamkeit lenken, was uns dauernd ablenkt, welche Ausreden wir uns selbst die ganze Zeit erzählen...wohin wir mehr schauen – Mangel, Negativität und Frust?

Oder auf die Fülle und die Freude.
Was wollen wir denn wirklich?
Liebe und Aufmerksamkeit?
Vertrauen?
Nur zu Du kannst es haben!
Aber wunder Dich nicht was zurückkommt, wo schaust du wirklich hin?
Wem schaden denn der Frust und dieses endlose Leiden am allermeisten?
Uns selbst.

Bring wieder Wertschätzung in Dein Leben.
Du bist wichtig in Deinem Leben.
Du bist ein Teil von dem Ganzen.
Sieh mal die Fülle um Dich herum, schau ganz genau und schreib vielleicht mal alles zusammen, da kommt sicher einiges raus...
Vielleicht basiert Dein Mangelgefühl, die Entbehrung, das nicht Haben oder Mehr Wollen, nur aus Deiner Erfahrung heraus...oder nicht mal das, sondern nur aus Deinem Denken heraus.
Dein Verstand greift das auf und strengt sich jetzt enorm an alles dafür zu tun, nie mehr Verlust zu spüren...
Und schon ist Dein Blick auf den Verlust und auf die Entbehrung fokussiert.
Da wo Du hinschaust, das wird Dir gegeben.
Dein Verstand kann Fülle nicht wahrnehmen...er kann nicht fühlen und erkennen, dass sie bereits vorhanden ist.
Wir tun uns Gewalt an, wenn wir uns auf das

konzentrieren was wir nicht haben, auf alles was uns fehlt...wir werden immer nur die Lücke sehen und ein Leben lang damit beschäftigt sein sie zu stopfen..., wie anstrengend!
Aber wird denn die Lücke jemals gestopft? Habe ich doch die Fülle noch gar nicht wirklich wahrgenommen, wie kann sie mich dann erreichen?
Anstatt uns selbst zu schätzen und zu sehen was wirklich schon da ist,
Gesundheit,
Familie,
Liebe von anderen Menschen,
Freunde,
Erfolg,
Wohnung, Haus, Bett,
Essen, Trinken,
schöne Erlebnisse,
glückliche Gefühle.

Lass die Bindung zur Situation oder den Dingen los, und fühle, wo das Glück ist.
Schreibe Deine eigene Liste.

Ganz, ganz bestimmt ist vieles bereits vorhanden...

Wir denken so oft, zu wenig zu haben.
Die anderen haben immer mehr.

Wenn Du nun mehr Wertschätzung in Dein Leben bringst und beginnst zu ehren was Du hast, werden sich Deine Haltung und Deine Perspektive auf die Welt verändern.

Jetzt kann das Erwünschte kommen, es wird gesehen...und geschehen.

Was Dich nicht glücklich macht,
kann weg

Was Du gibst,
bekommst Du um ein Vielfaches zurück

Man hat nur Angst,
wenn man mit sich selber nicht einig ist.
-Hermann Hesse-

DIE KINDER

JETZT sind wir nun die, die unseren Kindern eine
neue Welt eröffnen, ihnen die Möglichkeit geben
weit zu schauen...ihre eigenen Herzen zu hören.
Wir wollen Ihnen ermöglichen, sich selbst auf ihrer
Reise immer und überall im gesamten
wahrzunehmen und somit kraftvoll und
authentisch zu sein, eben sie selbst.
Wir lassen sie lernen und erfahren, sie fallen auch
mal, aber sie stehen wieder auf und wenn sie uns
rufen, sind wir da.
Sie müssen nicht so sein wie wir, sie dürfen lernen
zu wählen, wir können helfen, beraten, vorleben,
unseren Herzensweg teilen, mit Wohlwollen.
Sie dürfen den Weg mit uns gehen, und sie dürfen
entscheiden ob sie dabeibleiben, oder Neues
erkennen und andere Wege gehen.
In der kurzen Zeit des Erwachsen Werdens
können wir sie geleiten, Ihnen Gefahren und
Freude vermitteln, wir beschützen sie und
kräftigen sie. Wir können Ihnen von uns erzählen,
was wir gelernt haben, und ihnen erzählen, dass
wir auch immer weiter lernen, mit ihrer Hilfe.
Lass sie uns mitnehmen auf unsere neue Reise und
lass uns auch immer hören was sie zu erzählen
haben, wir können nur gewinnen.
Auch zwischen Eltern und Kindern ist der
Austausch wertvoll und wertschätzend. Niemand
ist mehr und niemand ist weniger.
Wir wollen da sein, wenn sie uns brauchen, ihnen

Schutz und Geborgenheit bieten, ihr Wesen
erkennen.
Wir wollen ihnen Fragen beantworten, so gut wir
es können und ehrlich sein, wenn wir keine
Antwort haben.
Die Gelegenheit für beide zu forschen und zu
erfahren, gemeinsam.
Hört sich das nicht spannend an?

Jeder kann Beiträge zu etwas Neuem leisten, auch
ein Kind kann das.
Das haben wir uns doch so sehr gewünscht,
damals, als wir Kinder waren.

Gespräche mit unseren Kindern:

„Ich weiß nicht, mein Kind,
habe noch nie drüber nachgedacht...
Kennst Du die Antwort?
Wollen wir gemeinsam mal nach der Lösung
suchen?
Komm, ich freue mich von Dir zu hören, wie Du
das so siehst...
Erzähl doch mal, wie würdest du es machen...?"
usw.
Das wären doch wunderbare Möglichkeiten
einander zu begegnen.

Ich freue mich sehr auf eine Zukunft mit so viel
kraftvollem Potenzial, mit so viel Anerkennung.
Eine Zukunft mit so viel authentischen und

liebevollen Menschen, die SEIN dürfen.

Und sehen wir uns einmal um, es gibt schon eine ganze Menge von Ihnen unter uns.

Sie müssen nicht mehr so viel Energie in die Suche nach Anerkennung stecken, sie müssen nicht trennen und verurteilen, sie können einfach Erfahrungen sammeln, aus einem unendlichen Feld schöpfen...

Wir können so viel lernen, wenn wir ihnen zuhören, sie anschauen, uns ihnen widmen.

Und wir können Ihnen von uns erzählen von unseren Ideen und Erfahrungen, ohne Zwang.

Wir können wieder viel Freude erfahren, kindliche Freude, leichte, wundervolle Freude, sie zeigen uns wie das geht.

Beobachte doch mal die kleinen Kinder. Denken sie schlecht über sich selbst? Haben sie Angst zu scheitern? Haben sie Angst sich zu präsentieren, sich zu zeigen? Sie lachen, singen, tanzen in der Öffentlichkeit. Sie verkleiden sich und drücken sich aus. Welch eine Freude ihnen dabei zuzusehen.

Und schwupp, schon ganz bald wird ihnen aberzogen so zu sein: „Hör auf, lass das, das macht man nicht, benimm Dich, mach es so, ich weiß wie es geht, so und dann bist Du gut...und dann liebe ich Dich und beschütze Dich, Du bist sicherer, wenn Du Dich anpasst und wenn Du folgst..."

Stimmt das denn? Ist das tatsächlich so?

Erinnre Dich wie es war!

Wir können auch mal wieder einfach so sein, toben tollen lachen...wie Kinder.
Wir sollten uns wirklich mehr Zeit dafür nehmen.
Zeit, zu spielen, zu lachen...Kind zu sein.

Die neue Generation ist bereits so kraftvoll, dass wir schon gar keine Chance mehr haben sie in unsere verstaubten Denkmuster und Vorstellungen zu pressen. Manche von uns versuchen es dennoch mit Gewalt oder sogar auch mit Medikamenten, damit sie sich bitte endlich mal anpassen und endlich mal funktionieren, und bitte nicht aufmucken, damit es für uns nicht so anstrengend ist, sich mit ihnen auseinanderzusetzen. Sie mal nach ihren Bedürfnissen zu fragen, wie sie sich fühlen, was sie sich wünschen, dafür nehmen wir uns selten die Zeit, zu anstrengend, lieber sollen sie funktionieren, das ist einfacher. Ist das nicht absurd?
Wir kommen mit den Persönlichkeiten der neuen Zeit nicht mehr richtig zurecht, weil sie sich nicht einfach einschachteln lassen!
Sie lassen sich nicht so leicht verbiegen, sie diskutieren und stellen unbequeme Fragen.
Wie gut!
Neuer Konflikt, neue Gelegenheit zu wachsen.
Haben wir wirklich vergessen, wie es einmal war?
Früher? Mit unseren Gefühlen?
Was wollten wir einst, was hatten wir für Ideen und Wünsche an die Welt?

Wollten wir nicht einst auch schaffen und kreieren, gestalten und unseren Beitrag leisten?

Wollten wir nicht neugierig Dinge bewegen und erfahren?

Wollten wir nicht auch mal alles wissen und haben gefragt?

Wann haben wir aufgehört zu fragen und warum unterdrücken wir es bei unseren Kindern?

Lasst sie leben, sie sind dazu da, sie werden unsere Zukunft mitgestalten. Wir wollen sie stärken und unterstützen und ermutigen darin, Dinge zu verändern.

Oder wollen wir lieber Roboter, Uniformen und Duckmäuser?

Die Unterdrückung unserer Gefühle, also auch die unserer Kinder, (ein Erziehungsmuster unserer Gesellschaft) die Angst davor, diesen Gefühlen mal Luft zu machen, die Angst sie zu zeigen - in Sprache ebenso wie in Handlungen, kann zu großen unkontrollierten Wutausbrüchen, Aggression und auch Depression führen.

MEIN TAG

Entdecke wieder Deinen Tag

Was kann ich tun um meinen Tag mit Freude und Sinn zu füllen?

Wie kann ich im Einklang mit dem Alltag, (Arbeit, Haushalt, Finanzen, Familie, Kinder) und meiner Wahrhaftigkeit bleiben?

Aufstehen -
Was ist mein erster Gedanke?
Was tue ich? Wie tue ich es?
Atemgewahrsein
Danke, welch Freude, mein neuer Tag beginnt.

Morgens -
Wasser trinken
Körperpflege, Dusche
meditieren, Yoga
Meine Zeit vor der Arbeit: Habe ich wirklich zu wenig?
(ich tu das für MICH)

Vormittags -
Arbeit, Kreativität
Wie sind meine Gedanken?
Wie ist meine Haltung, meine heutige innere Einstellung?

Mittags -
Kleine Mittagsportion
Kochen, langsam und liebevoll
Reflexion, Achtsamkeitsmeditation

Nachmittag -
immer wieder Pause während der Arbeit,
innehalten, spüren, wahrnehmen,
Atemübungen, innere Haltung?

Abends -
Kleine Abendportion, langsam und bewusst essen,
Ruhe, Bewegung, Natur,
lesen, schreiben,
meditieren

Bevor ich ins Bett gehe -
Ressourcen: wie war es heute für mich?
Wie habe ich mich gefühlt?
War ich zufrieden? War ich authentisch?
Morgen weiter, morgen anders?
Etwas verändern?
Alles aufschreiben, 3-5 Dinge, die gut liefen.

Bevor ich einschlafe -
den Atem wahrnehmen,
Danke an das Leben,
Segen an alle Menschen schicken die ich kenne,
Liebe, an die Welt
…

All dies sind Beispiele.
Erstelle Dir Deinen ganz eigenen Plan, halt Dich
dran, tue es für Dich! Sei ehrlich zu Dir.
Jeden Tag beim Aufstehen liest Du und erinnerst
Dich:

„Ich freue mich auf das, was heute kommt. Mal
sehen was es zu erleben gibt, ich bin gespannt."

Auch tägliche morgendliche Meditation, erweckt
Deinen Geist.
Es ist Deine Zeit, Deine Stille, es ist für Dich...

Bleib bei Deinem individuellen Plan, welchen Du
Dir erstellt hast, praktiziere und schau was
geschieht.
Tägliche Praxis ist das, was Dich leben und spüren
lässt und Dir Sinnhaftigkeit verleiht.
Natürlich kann sich Dein Plan auch mal ändern,
genauso, wie sich auch die Zeiten verändern, Du
wirst immer wissen, wann es soweit ist etwas zu
ändern, was dann vielleicht besser zu Dir passt.
Du bist immer im Einklang, wenn Du Dich
wahrnimmst,
Du bist immer dabei.

Hier hast Du ein paar weitere Beispiele für einen
Tagesplan:

-meditiere
-autogenes Training
-mache Yoga, täglicher Sonnengruß
-trink morgens Wasser
-geh spazieren in die Natur
-esse gesund und nur so viel wie nötig
-sprich die Wahrheit
-nimm wahr wie es ist, die Natur,
  öffne das Fenster, öffne Dein Herz…
-nimm an was ist, das Wetter, den Nachbarn usw...
-nimm Dich wahr, pflege Dich
-schenke Freude, ein Lächeln
-empfange Freude
-trau Dir heute was zu
-schaff Dir eine schöne Umgebung, Blumen, Licht,
-frische Luft...einen Ort der Stille
-schaff Ordnung
-sei dankbar, fühle Dankbarkeit
-verzeihe heute

…..

und was Dir noch in den Sinn kommt.

Bleib immer offen, fragend, neugierig...
Sei unvoreingenommen, halt nicht an den
Erfahrungen und den Fehlleistungen von Dir und
anderen fest, lass los und hör zu. Schau was es für
andere Ideen und Möglichkeiten überall gibt.
Dann kannst Du spüren was für Dich stimmig ist.
Sag es, äußere Dich...das tut allen Menschen gut,
vor allem Dir. Sag was Du gut findest, was Du an
anderen schätzt, was Dir positiv auffällt, sprich
aus, was Du denkst, behutsam aber wahr, ohne zu
verletzten, nicht aus der Wut heraus, es macht froh
und bringt Schönheit und Freude.
Auch wenn etwas nicht stimmig ist, sprich
darüber. Du wirst fühlen, wenn es so ist, und wem
du Dich anvertraust, weil Du präsent bist und
unvoreingenommen.
Äußere Dich dazu, ganz klar ohne Verurteilung, es
wird allen gut tun, vor allem Dir.
Andere können hören und lernen von Dir und
haben Gelegenheit auch andere Wege zu gehen,
darüber nachzudenken...oder nicht...ihre freie
Entscheidung, Ihre Chance für Entwicklung und
Verzeihung.
Wir lernen zu kommunizieren, auf ganz anderen
Ebenen.
Ebenen der Wertschätzung und der Akzeptanz.
Also bleib fragend.

Immer wieder

Was Möchte ich im Leben?
Was liebe ich?
Was möchte ich nicht?
Was mache ich gerne?
Was tut mir heute gut?
Wo zieht es mich heute hin?
Was tut meinem Körper gut?
Was tut meinem Herzen gut?
Was tut meinem Geist heute gut?
Wie verbringe ich den Tag heute mit mir?
Wie verbringe ich den heutigen Tag in Kohärenz,
mein Herz mit meinem Verstand und dem Alltag.

Die äußeren Umstände lassen es nicht zu?
„Ich habe keine Zeit, ich muss doch...! Ich kann
nicht...! Habe zu viel zu tun..., jetzt bin ich müde...,
morgen..., ja morgen beginne ich das gute Leben,
morgen höre ich auf mit...!"
Wenn ich mein Leben nicht JEDEN TAG lebe, lebe
ich es auch in 100 Jahren nicht...Ich werde nicht
das JETZT wahrnehmen, ich werde nur im
Wunsch bleiben, warten und verschieben.
Weil ich es nicht spüre, das JETZT und die
Eigenermächtigung, meinen Beitrag zum Leben.
Viele, viele Ausreden haben wir auf Lager!
Kennst Du ein paar davon?
Ich habe so viel zu tun, ich würde ja wirklich

gerne, aber habe ja keine Zeit.

Ich habe kein Geld für so etwas.

Wenn ich mal Geld habe, dann...

Früher hatte ich kein Geld, jetzt ist es zu spät.

Jetzt Veränderung? Ist doch schon zu spät, das lohnt nicht.

Ja, ich habe viel Fehler gemacht, aber so bin ich halt! Ideen habe ich schon, aber es ist unrealistisch, klappt eh nicht.

Ich bin schon zu alt.

Für Hobbies habe ich keine Zeit...Arbeit, Familie.

Also nach meiner Arbeit bin ich einfach platt, da will ich gar nichts mehr.

Und wie viele, viele Ausreden noch?

Bin ich im Moment?

Fühle ich da mein Potenzial?

Was fühle ich überhaupt?

Oder bin ich in der Zukunft?

Aber wie bin ich in der Zukunft?

Kraftvoll?

Aufgegeben, abgeklärt?

Ist da Vertrauen?

Freude?

Morgen wird es besser?

Wirklich?

Mit dieser Einstellung?

Kann das funktionieren?

Ich warte einfach, tue nichts und es wird geschehen, das große Glück meines Lebens... irgendwann...

Wann? Wann ist morgen?

Schreib alles auf, wie es ist...ganz genau.
Wie Du es denkst, und wie es tatsächlich ist.
Lies es Dir immer wieder durch, frage immer
wieder.
Frag auch Dich selbst.

Jeder Tag ist es wert, glücklich und ausgefüllt
gelebt zu werden.

Aber wie ist das möglich?
Indem ich es für möglich halte!
Indem ich mich dazu entschließe!
Ich beschließe und entscheide so zu leben wie ich
es mir wünsche.
Ich möchte mich glücklich fühlen, dann sorge ich
dafür.

Mach ich etwas aus meinem Leben?
Oder warte ich darauf, dass es jemand anders für
mich tut?
Oder wünsche ich mir, dass endlich meine
sehnlichsten Träume, nach Liebe und Fülle in
Erfüllung gehen? Wer soll das tun? Die Zauberfee?
Endlich mich retten?
Ohne dass ich etwas dafür tun muss?
Wie viele Jahre verschiebe ich all diese Wünsche,
Träume, Ziele, Ideen?
Wie lange schau ich noch anderen dabei zu wie sie
es tun? Aber ich? Ich schaff das nicht!

Ich? Ich habe keine Zeit, ich habe so viel um die
Ohren, alle brauchen mich, ich muss...

Ist das denn wirklich so?
Habe ich denn wirklich keine Zeit?
Keine Zeit fürs Leben?
Oder schiebe ich alles auf und verdränge, weil...
ich kann nicht...ich schaff das nicht...mmh.

Stell Dir diese Fragen ernsthaft!

Beginne JETZT.
Es ist Dein Leben. HEUTE.
Es ist nie zu spät, NIE.

Koche mit Freude das was Du auch selbst gerne
magst.
Esse bewusst, trinke bewusst.
Unterhalte Dich über Dinge, die Dir wichtig sind.
Treffe Menschen, die ebenso empfinden.
Pflege Dich liebevoll, tu es für Dich.
Gönne Dir Pausen—atmen—schauen—erkennen,
JEDEN TAG.
Bleib dran, es wird zur wahren Freude, jeder
einzelne Tag ist da: für Dich!
Du wirst enorm an Selbstwert gewinnen, und so
schreitest Du dann gestärkt durch die Welt.
Gestalte selbst.
Du bist nicht abhängig, auch nicht von äußeren
Bedingungen, auch nicht von Zeit, auch nicht vom
Alltag, oder der Familie.

Du bist selbst immer und überall dabei.

Es ist eine Frage der Entscheidung!
Du kannst mitwirken in Deinem Tag, mit Deiner
Haltung, Deiner Sicht!
Es ist Dein Tag!

Selbst wenn es der letzte Tag in Deinem Leben
wäre, ES IST NIE ZU SPÄT!
Denk nur mal an das größte Glücksgefühl das Du
hattest - und heute hast Du es wieder - weil Du es
willst.
Jetzt kannst Du sagen:
„Wie schön, dass ich so ein Glück habe, so etwas in
mir zu erleben!"
Wann ist denn mein letzter Tag?
In der Ferne?
Ich habe also Zeit...ich verschieb es auf morgen...
mmh
Vielleicht nah? Ich weiß es nicht.
Ist auch egal, ich lebe genau JETZT.

LEBE, LACHE, FREU DICH, SEI GELASSEN,
ZUFRIEDEN, FREUNDLICH,
IN AKZEPTANZ DER DUALITÄT,
DENKE UND FÜHLE UNENDLICH,
VERBREITE FREUDE, STRAHLE FREUDE,
EMPFANGE FREUDE.

Was ist eigentlich glücklich, Glück, Fülle?

Mehr Besitz? Viel Urlaub? Mehr Dinge? Viel Geld?
Mehr Bildung? Luxus? Freizeit? Ein langes Leben?
Möglichst viel von Allem?
Was von dem macht tatsächlich glücklich?
Verändern diese Dinge etwas in unserem Leben?
Kurzzeitig eventuell ja, aber langfristig? Reicht es?
Oder will ich dann mehr und mehr? Wann habe
ich genug?
Entscheidend also sind nicht die Dinge, die uns
glücklich machen, sondern was ich daraus mache!
Was tue ich mit diesen Dingen und was ohne all
diese Sachen.
Vielleicht habe ich ja schon von all dem und merke
es gar nicht, weil ich immer beschäftigt bin zu
warten,
dass ich es endlich bekomme...das große Glück.

Nimm Dir einen Moment Zeit für die Innenschau.
Schließe Deine Augen und fühle.
Kannst Du all die Dinge wahrnehmen,
oder nimmst du wahr, dass Du BIST?
Kannst Du jetzt Fülle wahrnehmen?
Wie notwendig ist es zu haben, um Dich zu
erfüllen?
Sind es die Dinge?
Oder ist es das Leben, die Erlebnisse, die Gefühle,
die Sicht, die Gestaltung?
Haben die Dinge Macht und Möglichkeit Glück zu
produzieren?

Oder hast Du sie?

Schauen wir doch mal genauer hin.
Hektik und Zeitmangel, überhaupt Mangel
entsteht doch nur aus unserer Angst etwas zu
versäumen, nicht genug zu haben, nicht genug
erlebt zu haben, nicht genug Anerkennung usw...
Deshalb sind wir so übereifrig geworden, alles zu
schaffen, alles zu tun, überall dabei zu sein, alles
zu haben, alles zu erleben, überall mitzureden...
zu sagen:
ICH SCHAFFE DAS UND NOCH VIEL MEHR
ALS ALLE ANDEREN!
Das fühlt sich nach Anstrengung nach Kampf,
nach Mühe an.
Wir wollen immer, sind eifrig dabei möglichst viel
zu tun, um den Tag zu füllen und viel zu erleben.
Gleichzeitig und ja, sogar daraus resultierend
blockieren wir uns selbst und erkennen nicht, dass
das Glück direkt vor uns liegt, sogar noch näher, ja
in uns...
Wir sind es gewohnt im außen zu suchen, so
haben wir es gelernt!
Fang doch mal an, anders zu schauen.
Von innen nach außen. Vom Fühlen nach Außen,
und nicht umgekehrt...
Fühlt sich das nicht viel freier an? Und die
herkömmliche Haltung? Wie fühlt sie sich an?
Vielleicht abhängig und eng, bedingt und
gebunden an. Umstände, abhängig von außen...?
Fühl es selbst.

Jetzt kannst Du sagen:

ICH LEBE, JEDEN TAG, ICH KANN ALLES
ERREICHEN WAS ICH WILL; ABER ICH WEISS
NUN GENAU WAS ICH WILL UND WAS GUT
FÜR MICH IST; ICH ACHTE DABEI AUF MICH.
UND ICH ACHTE AUCH DARAUF
NIEMANDEN ZU VERLETZEN. ES IST SO
MÜHELOS, ICH MUSS ES NICHT, ICH MACH,
WEIL ICH WEISS, DASS ES RICHTIG IST. ALLES
ANDERE LASSE ICH WEG; UNNÖTIGEN
ÄRGER, UNNÖTIGE BLOCKIERUNGEN UND
VOR ALLEM UNNÖTIGE MÜHE. UND DABEI
SEHE ICH GEGENWÄRTIG AUCH IMMER WAS
GERADE ZU TUN IST, OHNE WIDERSTAND,
DENN DANN IST EBEN DAS, GERADE
RICHTIG FÜR MICH.

So bekomme ich meinen Alltag in einen
harmonischen Einklang mit meiner Lebenskraft
und mit dem was ist, denn alles was ist wollte ich
so haben um zu erfahren, und das nun mit Freude.
Das fühlt sich doch echt und leicht an im Herzen.
Jetzt kann man Familie und Beruf und sich selbst
immer und überall glücklich und gelassen in
vollen Zügen annehmen, präsent.
Das ist ja nicht gleichbedeutend, dass ich mich für
alle und alles opfern muss, ich bin einfach da und
gebe das, was ich geben kann. Manchmal ist es
nur, dass ich bin...
Und das ist wahres Geben.

UND ALLES WAS MIR NICHT GUT TUT,

IMMER WENN ICH MICH VERBIEGE, WENN
ICH MÜHEVOLL MEHR ALS MEINE LETZTEN
KRÄFTE INVESTIERE, UND DAS AUCH NOCH
OFT MIT GROSSEM WIDERSTAND; NUR WEIL
ES HALT SO SEIN MUSS, UND ALLES WAS MIR
MEINE LEBENSKRAFT SAUGT.

DAS KANN ICH LOSLASSEN.

Ich habe mehr Zeit und mehr Lebensgefühl
gewonnen.

Immer wenn wir ganz auf das konzentriert sind,
was wir wirklich wollen, beginnen die Dinge
perfekt ineinander zu greifen.
-Aleph, Paulo Coelho-

Also schau mal anders, geh mal anders durch
Deinen Tag:

als Beobachter
als Gestalter
als Helfer
als Strahlender
als Wissender und Nichtwissender zugleich als
Neugieriger
als Neugeborener, ohne Idee, ohne Vorannahme,
ohne Erfahrungen, als Entdecker
als Wertvoller
als Glücklicher
als Vollwertiger
als Kraftvoller
als Hinfallender
als wieder Aufstehender.
…

Was Dir noch einfällt, es ist Dein Tag!

Siehst Du Dir jetzt das Gesetz der Polarität an,
bekommst Du doch all dies in mehrfacher Weise
zurückgestrahlt!
Ist das nicht das was Du Dir so sehr wünschst?
Es ist ein Naturgesetz.

So musst Du nicht mehr suchen und wühlen, im
Überangebot des Materialismus.
Denn Du hast ja schon gefunden.
Du bist ja schon.

DANKESBUCH

Was war gut heute?
DANKE

Was war nicht so gut?
DANKE.
Ich verändere es
Jetzt in meinem Herzen, morgen in meinen Taten.

War ich heute ehrlich?
JA   DANKE
NEIN   DANKE, Ich verzeihe mir und bin nun
ehrlich

 DANKE
für dieses wunderbare Gefühl des Verzeihens

Hat mir heute jemand etwas Schönes gesagt?
JA   DANKE
NEIN, im Gegenteil   DANKE, ich verzeihe

Habe ich heute gelacht?
JA   DANKE
NEIN   DANKE, morgen tu ich es aber

War ich heute glücklich?
JA   DANKE
NEIN   DANKE, morgen ist ein neuer Tag

War ich authentisch?
JA   DANKE
NEIN   DANKE, ich lerne und spüre weiter

Habe ich heute gelebt?
JA   DANKE

DANKE LEBEN

EMOTIONEN ERKENNEN UND AUFLÖSEN

Es geht um das Anerkennen

Wenn die Emotion kommt, Dein schlechtes Gefühl in Form von Angst, Wut, Groll, egal...Du wirst erkennen welche Art von Emotion es ist, dann...

Spüre wenn die Emotion kommt..., in Deiner Situation, in der Du steckst.
Werde Dir bewusst...Du weißt was es ist...
Machtlosigkeit, Eifersucht, Ungerechtigkeit...
Unterscheide...indem Du ganz genau hin fühlst, schätze es ein, Du wirst es schnell erkennen können.
Die Emotion ist in Dir, Dein Gegenüber hat sie nur ausgelöst...IN DIR.
Nimm sie nun wahr und fühle...im Körper...spüre das was kommt...fühle es.
Nimm Dir diesen Moment des Sehens und Spürens wirklich, es ist ein entscheidender Moment.
Vielleicht kommt Dir das Gefühl bekannt vor... immer und immer wieder das Gleiche...
und Du kennst es! Sogar schon ganz lange...
Vielleicht hast Du nun ein Ereignis von ganz früher vor Augen, vielleicht als Du Kind warst.
"Ja, damals hatte ich das GENAUSO..., damals als..."
Damals warst Du ein Kind – machtlos – chancenlos

– ausgeliefert –

Du musstest damals die Situation einschätzen...
z.B. Angst, Hilflosigkeit, ganz, ganz allein und so
aussichtslos und Du musstest irgendwie
überleben, du konntest die Situation als Kind
nicht verlassen und Du konntest auch nicht Du
selbst bleiben (denn genau das, Du zu sein, war ja
evtl. das Problem) und dazu kam dieses Gefühl,
dass Du jetzt auch gerade verspürst und
gleichzeitig das Gefühl von ausgeliefert sein!
Ein Kind kann nicht raus - weg - selbst machen...
und das Elternhaus einfach wechseln!
Es sucht jetzt in Sekunden nach Strategien um zu
überleben, sich zu verstecken, zu vergraben, ganz,
ganz tief in sich selbst, nie wieder hoch kommen in
dieser Form, denn das ist offensichtlich nicht
gewollt! Totstellen – gar nichts mehr fühlen, denn
das ist zu schmerzhaft, nie, nie wieder so was
spüren...
ODER, Aggressionen sammeln und verteilen, nur
noch auf Kampf und Verteidigung um sich zu
schützen, vor dieser Welt.
Kannst Du nun erkennen, woher all unsere
Mechanismen resultieren und wie sie uns
kontrollieren können, wir machen das jetzt immer
weiter so, denn damals hat es uns gerettet.
Ok, das ist also die Wut...die Angst, die Trauer, der
Verlust...von Früher...
Du findest die Wurzel...fühle...
Im Fühlen wirst du selbstgewahr.
Gib JETZT jeglichen Widerstand zu diesem Gefühl

auf...kämpfe nicht...nimm es an...es will sich Dir zeigen, damit es nicht immer und immer wieder kommen muss, lass Dich aber nicht einfangen! Wenn die Emotion jetzt näher kommt...

SUCHST Du nicht mehr nach dem Grund!! Gib dem Grund, keine Stimme, keine Macht, keine Geschichte! Sie ist einfach nur da.

Fühle diese Distanz...gleichzeitig spürst Du das Näherkommen der Emotion.

Du bist jetzt Beobachter, Du bist ganz nah... dennoch Distanz.

Kannst Du das wahrnehmen?

Jetzt kann sie Dich nicht mehr vereinnahmen, nicht überrollen, Dich nicht mehr fangen und umhüllen! Weil Du es wahrnimmst!

Du bist nah...Distanz...nah...Beobachter.

Wenn Du also nah bist, d.h. im Herzen der Emotion, so nah...Du hast wirklich den Kern erreicht hast, überall im Körper kannst Du es wahrnehmen, dann SUCHE NICHT, suche keinen Grund!!

Nimm nur wahr...und nun lass los...lass alles los... alle Gefühle dazu, alle Gedanken darüber...Deine Einschätzung von damals...auch Dich, Deine Meinung, Deine Erfahrung, dass was Du denkst zu wissen...ALLES, sogar das Bewusstsein, das Du gerade jetzt, im Moment wahrnimmst, ja sogar das Lass es los...alles, alles.

SEI.

Du weißt nichts...

Du weißt nicht was hervorkommt.

Das ist gut.

JETZT bist du Dir dessen gewahr, dass Du nur fühlst...ohne etwas zu tun oder zu denken...auch ohne Dir darüber bewusst zu sein...

Ja, gewahr, dass man Gewahrsein loslässt...enorm Du reflektierst nicht.

Du weißt, dass da ein Gefühl ist...von Frieden... von Freiheit...

Du musst nichts machen.

Du musst nichts wissen.

WARUM – WOHER - FRÜHER - VERGANGENHEIT - ERFAHRUNG – usw... das ist nicht nötig!

Wenn Du nach dem WARUM Ausschau hältst, dann hältst Du nach einer Geschichte Ausschau. Du hältst dann daran fest und es wird zu Deiner IDENTIFIKATION!

Dann springst Du drauf auf und lässt Dich einhüllen.

„Diese Geschichte ist mir aber passiert!! Es ist die Wahrheit! Das ist unfair! Das ist nun mal so! Jetzt bin ich halt so weil...! Das kenne ich! Das ist bei mit immer so! Immer wieder! Das hört nie auf!"

Also pass auf und höre sehr gut hin...lass los...

Gib diesen Stimmen, die das erzählen keine Macht. Wenn Du an der Wurzel der Emotion bist, und das spüren kannst...dann:

Hast Du JETZT die Wahl!

NEU ZU ENTSCHEIDEN.!!!

Du bist frei! Du schöpfst aus dem Raum der
Möglichkeiten... neue Ideen, neue Strategien, neue
Einschätzung, neues Gefühl, neuer Blick.

NEUE SITUATION!!!

Eine ganz andere Perspektive.
Gar kein Grund für diese alte Geschichte, sie ist
VORBEI!
Du bist JETZT und handelst aus dem HERZEN,
aus Dir heraus.
Ah, ganz andere Lösungen bieten sich, überhaupt
sind auf einmal Lösungen im Feld, die vorher
undenkbar waren, weil Du zuvor aus der Sicht der
Einengung, der Angst und der Vergangenheit
geschaut hast.
JETZT nicht mehr, JETZT kannst Du Dich sehen
und wahrnehmen, vollwertig, ganz, mit einer
eigenen klaren Einschätzung, ganz NEU.
Es ist nun die wahre, reine Einschätzung.
Du wirst sehen, dass es nicht mehr schmerzt, weil
Du nun da bist, und Du kannst handeln...
KLAR, KRAFTVOLL, SANFT, EMPATHISCH,
FREI UND NICHT VERSTRICKT UND
VERWICKELT IN GEFÜHLE DIE MIT JETZT
NICHTS MEHR ZU TUN HABEN.
Spüre das.
Dein Gefühl ist jetzt, aus den gegenwärtigen,
erwachsenen Augen anders, nicht so
emotionsüberladen, nicht überdeckelt mit so viel
Angst und Machtlosigkeit.

Der Schmerz, der immer in Verbindung damit
stand ist gegangen.
Endlich.

So strukturierst Du nun Dein Gehirn um.
Eingeübte neuronale Verbindungen lösen sich,
neue können vernetzt werden, alles nach Deiner
Wahl. Dein Blick ist nicht mehr eingeschränkt und
eng. Dein Gehirn und Dein Verstand dienen Dir
nun als Hilfe für Entscheidungen. Du triffst sie
und es wird nicht aus der Gewohnheit und der
Enge für Dich entschieden. Du strukturierst selbst.
Jetzt gehst Du weiter, neue Wege...wie kraftvoll.
...

Vorsicht:
Es besteht dennoch die Möglichkeit festzuhalten,
an der Angst, an der Wut...
"Aber es ist doch die Wahrheit, es war so, ich habe
es erlebt, ist nicht zu löschen...ist doch klar, dass
ich sauer bin, dass ich wütend bin, ist doch
genauso wie früher, die Welt ist so...!!"
Die Stimme der Gewohnheit!
Und Du als Erwachsener spürst die Emotion dazu
JA...weil es so sehr gewohnt ist, eingeprägt in Dein
Gehirn, Jahre lang dieses Gefühl mitgenommen im
Herzen, vergraben ganz unten, und immer
unbewusst dabei.
Und dann:
unkontrolliert kommt sie...die Stimme zur
Emotion, immer wieder in allen möglichen

Situationen.

Weil die Situationen Dich erinnern. Genau daran.

Um Dir zu helfen es abzulegen!

Nimm es an! JA!

Es ist vorbei.

Das ist Deine Gelegenheit zur Veränderung, zum SELBST GESTALTEN, zur Eigenermächtigung.

Erinnere Dich:

Probleme und Schmerz sind dazu da, uns Neue Wege einschlagen zu lassen, etwas zu verändern!

Wenn also die Geschichte kommt...

NIMM SIE NICHT AUF...

Vertiefe Dich nicht darin, binde Dich nicht an sie!

ERKENNE SIE AN.

Aber wende Dich ihr nicht voll und ganz zu - bis sie Dich umhüllt.

ERKENNE nur an.

Dann wende Dich zu einer neuen Entscheidung.

Du kannst entscheiden.

Du bist JETZT!

Jetzt kannst Du sehen, dass es nur eine Geschichte ist, die Du immer weitererzählt hast,

aber VORBEI.

Ja es war mal so,

aber VORBEI.

Geschichten gibt es,

aber VORBEI.

Es sind ab dem Geschehen nur Geschichten, VORBEI.

Wende Dich neuen Möglichkeiten zu,

Möglichkeiten, die Du Dir noch nie hast vorstellen

können. Sie sind da, schaue hin, Du kannst Dich
entscheiden. Du hast die Wahl.
Wende Dich einem ganz neuen Aktionspotenzial
zu:
Ganz anders agieren, nicht mehr nur reagieren,
ganz neu anders!
Dann bleibst Du nicht hängen, Du löst Dich davon.
Du darfst.
Du kannst.
Du entscheidest.
Spüre das...

Jetzt bekommst Du eine neue Strukturierung in
Deinem neuronalen System, Du schreibst es um.
Jetzt ist Deine Emotion zu Deinem Wächter
geworden. Sie weist Dir die Trigger und hilft Dir
nun, Dich zu ent-wickeln. Erkenne das an...wie
wunderbar, Emotionen dürfen sein, sie zeigen uns,
dass es etwas zu verändern gibt.

Deine jetzige Situation spiegelt und triggert genau
das hinein:
in das Auflösen, lass also los.
JETZT bist Du nicht ausgeliefert, vielleicht hast Du
das gedacht für einen Moment und immer in der
Vergangenheit.
Aber JETZT bist Du erwachsen...entscheide selbst,
entscheide neu!
Wie gehst Du mit der Situation um?
Nicht mehr ausgeliefert.
Du bist.

Wenn Du die Emotion wahrhaftig anerkennst, und
das bedeutet keinesfalls, Dich darin zu verlieren,
Dich zu strudeln und drin zu wühlen, pass gut auf,
erinnere Dich an den Beobachter,
nah - distanziert, Du beobachtest, sanft ohne
Gewalt ohne zu suchen, also wirklich in ihrer
reinsten Form anerkennst, als das was sie ist,
dann löst sie sich auf. Sie kann gehen.
Gib also der Geschichte keine Bewertung, keine
Beurteilung.
Bleib rein, bleib frei.
Dann können Dinge kommen und gehen...
Fühl in die Möglichkeiten rein, ohne Erfahrung,
ohne Vergangenheit, ohne Aversion und
Anhaftung.
Ohne etwas zu wollen...ohne Vorannahmen.

Sei im Vertrauen.

Wenn Du das weiter übst,
dieses Selbstgewahrsein, dann wächst und reift es
und es wird zu einem ganz natürlichem Prozess.
Du kannst diesen Prozess dann auch immer
schneller durchlaufen, weil Du fühlst und
wahrnimmst, immer.
So wirst Du beim Aufkommen der Emotion schon
schnell anerkennen und loslassen können.
Das geschieht dann von selbst.
JETZT hast Du eine neue Tendenz.
Sie zeigt Dir wie du MIT dem Schatten sein kannst.

Diese Übung kannst Du immer und überall
praktizieren, im Stillen für Dich, mitten in einer
Situation, wenn Du schon geübt bist, oder auch
hinterher, wenn Du eine Pause hast und Dir Zeit
nimmst, dann spiel nochmals alles durch und
fühle und entscheide...es ist nie zu spät.

Aber JETZT kannst Du entscheiden.
Nicht mehr aus dem Selbstschutz heraus,
auch nicht aus Deiner Verteidigung
existieren zu dürfen

Nichts was bereits geschehen ist kannst Du
verändern

Das ist vorbei! Du bist JETZT,
nicht früher.

GLAUBENSSÄTZE
POSITIVE GLAUBENSSÄTZE

Ich bekomme genug   Ich bin schön

Ich kann was   Ich bin willkommen

Ich werde geliebt   Ich darf sein

Ich habe Glück   Ich bin

Ich darf Fehler machen   Ich schaff das

Ich darf Nein sagen   Ich habe alles

Ich darf mich wehren   Ich bin super ok

Ich darf was sagen

Ich darf fühlen   Ich darf traurig sein

Ich darf mal wütend sein

Ich bin gescheit   Ich bin wertvoll

Ich liebe das Leben   Ich schaff das

Ich darf   Ich mag mich

NEGATIVE GLAUBENSSÄTZE

Es ist einfach aussichtslos   Es ist hat so

Das geht gar nicht   Ich vertraue nie

Das muss so sein   Ich kann eh nichts machen

Die Menschen sind halt so   Männer dürfen

Das Leben ist hart, nicht lustig

Das hat keinen Sinn   Das klappt eh nicht

Familie ist so   Ich muss das überleben

Das Leben ist nicht leicht

Ich bin für alles verantwortlich, auch für Deine
Laune und Dein Verhalten

Ich kämpfe mich durch   Ich bin stark

Ich habe eh keine Chance   Ich bin so hilflos

Ich enttäusche immer alle

Ich muss immer vorsichtig sein

Ich darf nicht fühlen   Ich darf nicht meinen

NEGATIVE KOGNITIONEN
ÜBER DEINEN SELBSTWERT

Ich bin nicht schön   ich bin hässlich

Ich bin eh zu blöd   Ich habe das noch nie gekonnt

Ich bin klein   Ich bin unwichtig

Ich versage immer

Das schaff ich nie   Ich bin nicht liebenswert

Ich kann gar nichts   Ich kann das nicht

Ich durfte noch nie

Ich wurde nie gehört   Ich bin nicht gewollt

Ich bin nicht willkommen und eh nicht richtig

Ich bin schuld

Was ich mache reicht nie

Die mögen mich alle nicht

DEIN LEBEN IST DAS WOFÜR DU ES HÄLTST

Das Leben ist so ereignisreich, spannend
wunderschön und so unglaublich vielfältig und es
bietet mir viel Freude und Liebe.
Wenn ich es möchte.

Empfindest Du es als anstrengend, mühsam, als
Last und mit Kampf verbunden, so wird es
genauso sein.
Und dann kannst Du sagen:
„habe ich doch gesagt habe ich es doch gewusst,
mir passiert immer so etwas, immer ich, das
passiert nur mir, immer, die anderen sind so
anstrengend, wenn das nicht wäre...dann wäre
alles besser..., bei mir funktioniert das eh nicht,
mein Leben war immer schon so, ich weiß es jetzt
schon, das wird nichts, schön ist was
anderes..."usw...unendlich.
Aber:
Ist das denn wirklich so? Wirklich?
Das kannst Du nun so lange praktizieren wie Du
willst...wenn Du magst, Dein ganzes Leben.
Es steht Dir frei, Du hast die Wahl...
Willst Du Anstrengung?
Oder:
Willst Du Freude?
Willst Du ein schönes Leben?
Dann mach es schön! Nimm es Dir.

Gib Freude und Fröhlichkeit in die Welt und nimm zurück was Du sendest...

Das wünschst Du Dir doch? Freude, Liebe, Wärme. Du bist frei. Mach es Dir wie Du es haben möchtest.

Probiere es aus...

Wenn es immer andersrum geht, geht es auch so rum!

Wenn Du Freude und Wertschätzung geben...und Du würdest es um ein Vielfaches zurückbekommen...

Wo wäre nun hier der Verlust?

Also, fühle noch mal genau, bestimmt hast Du in Deinem Leben viele wundervolle Erlebnisse gehabt, wie hast Du Dich damals gefühlt? Warum waren sie so wundervoll? Weil Du sie wolltest, weil Du sie kreiert hast, mit dabei warst, bei der Gestaltung!

Das Gefühl ist nicht gebunden an Ort und Zeit oder Bedingungen, es ist in Dir und kommt aus Dir, also ist es immer da, Du bist immer da, immer und überall dabei.

Sind es tatsächlich die äußeren Umstände die mich so runterziehen oder rauf beamen? Oder ist es nicht vielmehr meine innere Haltung zu den Dingen, die Bindung, Anhaftung und Aversion die ich hineininterpretiere?

Also wieder:
Sei ehrlich, wirklich ehrlich.

Was denkst du über die Welt?

Was denkst Du über Dich?

Was denkst Du über andere?

Was denkst Du über Schuld und Recht haben?

Was denkst Du über Fülle, Reichtum, Besitz, und über den Mangel?

Was denkst Du über Ärger, woher kommt er?

Was denkst Du über Unabhängigkeit und Freiheit im Leben?

Was denkst Du über die Liebe?

Woher kommt sie und wer kann sie Dir geben?

Was denkst Du über die Fehler von Menschen?

Wie oft machst Du Fehler?

Was denkst Du über den Verstand, über Gefühle, über Herzenswünsche?

Wo schaust Du hin, wo hältst Du Dich auf?

Inder Fülle, Freude und Leben?

Im Mangel, im Pessimismus?

Lass Deine Vorstellung im Leben ausgeliefert zu sein los.

Lass den Gedanken los, abhängig zu sein von den Normen und Strukturen und nicht selbst machen zu können.

Lass auch los mit Gewalt und unbedingt selbst zu gestalten, im Kampf gegen Normen und Strukturen.

Zieh diesen Rucksack ab, stell ihn beiseite.

Ohne so schwere Last lässt es sich leichter reisen, viel leichter.

Deine Erinnerungen und Denkmuster sind nicht

gegenwärtig, sie sind vergangen, nimm sie einfach hin als Erfahrungen, gib ihnen nicht die ganze Macht und das ganze Gewicht, so schwer viel zu schwer für Deine Schultern. Sie sind nicht mehr real. Du hast sie durchlebt und bist gewachsen daran, an allem was war und du wirst weiter wachsen, an allem was ist und an allem was wohl noch so kommen mag.

Es sind alles Erfahrungen.

Dafür ist alles da, um zu erfahren, zu lernen, zu fühlen, zu entwickeln, in unendliche Richtungen.

Ist es nicht schön, dass Du immer, wenn Du möchtest ins Licht schauen kannst?

Entscheide! Auch wenn Du manchmal nicht mal einen Strahl des Lichts sehen kannst, schau weiter und vertraue, öffne die Augen und Du wirst den ersten Strahl sehen können, geh drauf zu, er wird sich ausdehnen.

Jetzt kannst Du Dir beim Wachsen zusehen und es sogar selbst erleben, voll und ganz in Deinem ganzen Wesen spüren, Du gehst, Du reist Du lebst.

Nun kannst Du sehen was überflüssig ist in Deinem Leben, lass es stehen, schenk dem keine Aufmerksamkeit mehr.

Und Du kannst erkennen was wirkli8ch wichtig ist für Dich, nimm es.

Achte immer darauf auf Deinem Wege niemals jemanden zu verletzen.

Übe Deine neue Ausrichtung täglich, spüre den Wert den Du unmittelbar erhältst, direkt in Dir, ohne Zeitverzögerung.

JETZT ist Dein Vertrauen gewachsen, jetzt kannst du es wieder wahrnehmen und Du weißt: auch wenn es mal unangenehme oder gar sehr schwierige Situationen und Krisen geben wird, wirst Du sie durchstehen können, mit viel, viel weniger Kampf und mit viel, viel mehr Kraft und Gelassenheit. IM VERTRAUEN
Schreib Dir Deine Ressourcen, Deine Erfolge auf. All Deine wundervollen Gefühle. Lese sie und verinnerliche sie, erkenne was Du schon alles hast! Was brauchst Du denn nun noch?
Schau auf die Fülle im Leben, Du wirst sie sehen, sie fühlen in Deinem Herzen, sie liegt Dir zu Füßen. Sie ist in Dir.

Behalte Deine Visionen im Herzen.
Befreie Dich von Angst und Zweifel.

Allein mit dieser Vision, dieser Kraft und Deiner Entscheidung, setzt Du Energie frei.

DIE KRAFT DEINER GEDANKEN

Sei Dir bewusst, dass ein Gedanke ein Impuls ist,
der Energie freisetzt.
Nutze sie.
Die Gedanken drängen sich nicht einfach so auf
und Du bist umzingelt und ausgeliefert...
Kannst du das sehen?
Wenn ja, dann stehen Dir alle Möglichkeiten zur
Verfügung, greife zu.
Nutze also die Kraft Deiner eigenen Gedanken
und mach so, wie Du es haben möchtest.
Auch hier bist Du niemals abhängig, wie Du es
vielleicht dachtest, wie schon erwähnt in vielerlei
Hinsicht.
NEIN, Du bist auch hier frei und hast Zugriff, oder
kannst lassen.
Allerdings musst Du Dir bewusst sein, dass die
Gedanken auch schnell sein können und viele,
viele weitere folgen, ja sogar einen ganzen
Gedankenschleier können sie mit sich ziehen, um
Dich dann mit diesem ummanteln können...
Also übst Du immer ruhig und klar Gedanken
wahrzunehmen
Du kannst erkennen, wenn es soweit ist und sie
auf Dich einregnen. Du musst diesen
Regenschleier nicht anziehen.

Die Wiederholung der Gedanken ist kraftvoll und
wirkt sich auf Dein Umfeld aus, also achte gut
darauf was Du denkst...

Was wir gar nicht mehr wirklich wahrnehmen, weil es so sehr gewohnt ist, ist dass wir mit jedem schlechten Wort, mit jedem schlechten Gedanken uns selbst am allermeisten Schmerz zufügen und ihn sogar damit noch um ein Vielfaches verstärken.
Das ist die Polarität, kannst Du das jetzt sehen?
Nutze sie...sende Freude.
Wende Dich ab von den negativen Gedanken und Vorstellungen, die Dich so leiden lassen. Du bist nicht das Opfer, schau in die andere Richtung.
Tu das nicht mit Widerstand, denn abblocken oder bekämpfen ist wieder die volle Aufmerksamkeit auf die Negativität...kannst Du das spüren?
Wende Dich einfach ab ohne Kampf, nur woandershin schauen, und nimm dann unmittelbar das Gesetz der Resonanz wahr.
Ist das Leben nicht spannend auf diese Weise?
Du bist immer dabei.

Deine Lebensenergie steigt.
Du nimmst Leichtigkeit und Freude bewusst wahr und Du wirst Zeit bekommen, all das zu fühlen.

Erst veränderst Du Dich, Du gehst neue Wege, dann verändern sich Dein Leben und Dein ganzes Umfeld.
Das ist die Resonanz.

Mach Dir jeden Tag wieder klar, was Du willst.
Du wirst es bekommen.

LEBEN IM JETZT

Stell Dir das vor für einen Moment

JETZT

Schließe die Augen und fühl mal...nur sein.

Wie ist es?
Du bist frei von Vergangenheit und auch von
Zukunft.
Du bist ohne Geschichten und Erfahrungen.
Du bist.
Du hast keine Identität, keine Rolle, keine Idee
etwas zu sein nichts...nur sein...

Das kannst Du immer und überall.
Du bist immer und überall.

Wenn Du das wahrnimmst immer und überall,
dann haben Angst, Zweifel, einschränkende
Vorannahmen und Verurteilungen keine Kraft
mehr, sie sind nicht einmal mehr da, sie
verschwinden.
Wenn Du das täglich übst, wirst Du diesen
Gewinn in Deinem Leben spüren. So viel Ballast
legst Du aus Deinem Gepäck ab, so viel leichter ist
es wieder weiterzureisen.

Dein Blick in die Welt ist nun ein völlig anderer.
All die Ziele sind nicht mehr essentiell, aber Du

hast Ziele und weißt ganz genau was wichtig ist.
Diese Ziele geben Dir Kraft und verleiten zu
Freude, aber sie sind keine Bedingungen.
Du bist gelassen mit dem was geschieht, Du bist
gespannt, neugierig, freudig wie ein Kind, das
auch keine Vorannahmen hat. Ohne Angst, endlich
nicht mehr alles kontrollieren und managen, es
kann alles sein und Du bist dabei und lebst.
Du gehst einfach, Du reist, vielleicht verändert sich
alles unterwegs, wer weiß.
Die Veränderung könnte ja gut sein für Dich,
vielleicht besser als jetzt?
Ist doch möglich.

Jetzt gehst Du kraftvoll und voller Energie, achte
jedoch stets darauf, niemanden zu überrollen oder
gar zu verletzen. Du setzt Deine Ziele nicht mit
Gewalt um, auf Biegen und Brechen, lass los, wenn
es nötig ist und nimm Abzweigungen. Warum
nicht? Ist ja vielleicht auch spannend und vielleicht
hast Du den Weg wieder mal zu genau geplant.
Also loslassen.
Dein Herz führt, Dein wahrer Wesenskern führt, er
will keinen Zwang, keine Verletzungen.
Dein Verstand ist zu Deinem Begleiter geworden,
Du übernimmst das Ruder.
Du setzt Dein Fühlen über dein Denken.
JETZT kannst du Deinen Verstand nutzen!
Und nicht er benutzt Dich!
Dann wird Dein Denken immer müheloser.
Deine Handlungen werden immer kreativer und

kraftvoller, liebevoller.

Die Verletzungen werden weniger, auch die von denen du nur denkst sie sind welche.

Du vergibst.

Du hältst nicht fest, dann kannst Du auch nicht verlieren und nicht verletzt werden.

Hab Geduld mit Dir, es ist ein Wandel, gib Dir die Zeit zum Integrieren.

Investition ist notwendig, investiere Zeit und Geduld.

Du kennst jetzt das Gesetz der Resonanz, also weißt Du, dass Du nicht bekommen kannst, was Du nicht auch gibst.

Jeden Tag wird es natürlicher und leichter, weil es Deine Natur ist.

Dein Verstand ist verwirrt zu Beginn, denn er weiß nicht wohin Deine Reise geht, er hat keinen Zugriff mehr und kann nicht kontrollieren, er weiß nicht wie es endet?

Ja durchaus, zwischendurch wirst Du das Gefühl haben gar nichts mehr zu wissen, große Verwirrung, ja sogar Leere, nichts mehr...Zweifel taucht auf und geht...Ja.

JA so ist es dann, lass Dich drauf ein. Musst Du denn immer alles ganz genau wissen?

Denn durchbrechen wir die Gewohnheit, durchlaufen wir diese Phasen des Nicht Wissens, kein Richtig…kein Falsch...keine Idee...keine Vorstellung...oh wie neu...neu geboren...gut.

Ja sehr gut, ganz frisch, jung, neugierig.

Dann beginnen wir HEUTE NEU.

Wir beginnen zu FÜHLEN.
JETZT.
Wir sind ohne Vorannahmen und Verurteilungen.
Wir schauen aus sauberen, frischen Augen und
aus einem reinen Herzen.
Wir wollen entdecken, was die Welt uns zu geben
hat.

In diesem Augenblick betrachte ich mein Leben
und begreife, dass die Erinnerung ein sich ständig
wandelnder Fluss ist.
-Die Spionin-

DIE VERURTEILUNG

die Trennung

Verurteilen entsteht aus der Trennung vom anderen und aus der Angst.

Andere zu verurteilen bedeutet, dass Du selbst KEINE Fehler machst.

Es bedeutet einfach, nicht zu verstehen und nicht zu akzeptieren, was noch so alles ist.

Dabei entsteht Schmerz!

In der Verurteilung füge ich mir selbst am allermeisten Schmerz zu, weil ich mich so sehr abspalte.

Wenn wir uns einander nicht verstehen und nicht verstanden fühlen, ist die Trennung groß und wir haben Schmerz.

Nehmen wir doch mal an nicht zu verstehen...

Dann ist es halt so...

Was ist so schlimm?

Vielleicht brauchen wir nur Zeit um zu verstehen?

Erkennen wir Unterschiedliches an, verschiedene Farben, Facetten, Möglichkeiten, Ideen, ist es nicht sogar eine enorme Chance dazuzulernen, Dinge in Betracht zu ziehen, die wir so noch nicht geahnt haben?

Warum nicht mal alles anders betrachten?

Spüre mal wie frei Du bist, wenn Du nicht verurteilst! Wie viel Macht Du also abgibst, in dem Du Menschen und auch Dinge verurteilst...

Drüber nachdenken, anerkennen, annehmen oder

abwenden, ist das nicht viel, viel leichter?
Positionierung loszulassen ist wahrhaft befreiend.
Probiere es einfach mal aus, einen ganzen Tag lang
bewusst und schau was mit Dir geschieht, sicher
kannst Du auch wahrnehmen was mit Deinem
Gegenüber geschieht.
Sei ehrlich, ist das nicht ein wahrer Grund zur
Freude, am Abend, wenn Du drüber schaust, über
Deinen Tag? Denn immer dann, wenn Du
Verurteilung losgelassen hast, hast Du unmittelbar
Dich selbst in Deiner Kraft wahrgenommen.
Übe weiter jeden, Tag, es wird zur Gewohnheit
und es kommt mehr und mehr ganz natürlich aus
Deiner Quelle hervor.
Dann musst Du gar nicht mehr üben, es ist einfach
nur natürlich,
diese Akzeptanz und Anerkennung.

Wenn Du alle Sinneswahrnehmungen loslässt,
so besitzt Du nichts
worauf Du Dich beziehen kannst,
um jene zu beurteilen, die Du für falsch erklärst.
-Epikur von Samos, griech. Philosoph-

DER ZWEIFEL

Wir denken, Zweifel ist eine große Qualität
unseres Verstandes.
Wenn wir zweifeln, glauben wir nicht blind und
prüfen zunächst.

„Prüfe immer, Glaube nie"

So haben wir es doch gelernt, das haben uns doch
schon viele Menschen um uns mit auf den Weg
gegeben.
Ja, klingt logisch.
Aber wenn wir genauer hinsehen, was ist der
Zweifel eigentlich?
Er entzieht uns auch Kraft und auch Potenzial.
Ist unser Blick im Moment des Zweifels offen,
weit?
Du hast eine Idee:
Du spürst gewaltige Kraft in Dir, sie will raus, sie
will kreieren. Da ist Freude, da ist Lust, Energie,
und auch Leichtigkeit, denn die Idee stammt aus
Deinem Herzen.
Du willst diese Idee und diese enorme Kraft aus
Dir herausbringen.
Und nun:
Da kommt der Zweifel.
„Ja geht denn das überhaupt? Schaff ich das? Ich?
Das ist utopisch. Das ist unrealistisch. Das wird eh
nichts. Was ist, wenn ich scheitere? Peinlich, und
die Kosten erst..."usw...

Du siehst, er saugt enorm an Dir.
Er entzieht Dir diese Kraft, die Du zuvor so sehr in
Dir wahrgenommen hast. Er versucht die Idee zu
dämmen, er sucht nun Argumente aus der
Vergangenheit um Dich zu schmälern.
Du bist vollkommen im Verstand gelandet.
Und schon bist Du geschwächt, und Dein innerer
Dialog wird immer lauter. Immer wieder die
gleiche Stimme die sagt:
„Nein, pass auf, das funktioniert nicht, lass es
lieber, bleib lieber so, ungesehen und grau, dann
bist Du auf der sicheren Seite, ganz bestimmt.
Ok, vielleicht schaffst Du es ja aber erst
WENN...DANN...
Such erst mal nach beweisen, wo es so etwas schon
gab, aber trotzdem, nein, nein, lieber nicht...
MORGEN...JA MORGEN DA PACK ICH ES AN!
Ja genau, ja morgen oder vielleicht erst
WENN...DANN...
Falls so eine Idee mal geklappt hat, war es sicher
nur Zufall, lass es doch einfach, das wird nichts..."

Kannst Du sehen, wie Dich das blockiert?
Welche Möglichkeiten Dir da wohl gerade
entgehen?

Natürlich kann Zweifeln auch gesund sein.
Geh einfach behutsam um damit, lass Dich nicht
steuern und kraftlos aussaugen, höre gut auf Deine
Stimme, achte darauf wer Dich lenkt und woher
die Stimme kommt.

Aus Deinem Verstand? Oder aus Deinem Herzen, aus Dir selbst? Ist es Deine Kraft, Dein Potenzial, die mit Dir reden wollen?

Der gesunde Zweifel kommt aus Dir, nicht aus Deinem Verstand, auch nicht aus der Vergangenheit.

Der gesunde Zweifel ist sanft und klar, er lässt Dich prüfen, ob Du auf dem richtigen Weg bist.

Er verbindet Dich immer zurück, mit Dir selbst!

Also nicht weg von Dir und Deinen Herzenswünschen, er ist genau das Gegenteil von dem, der versucht zu unterbinden und nicht zu glauben.

Höre nur, wer da zweifelt und wer Dir Kraft nimmt...und wer Dir zeigt, dass Du richtig bist.

Übe das.

Wunder können geschehen,
wenn man daran glaubt

Denk nicht nur mit Deinem Kopf,
denke auch mit Deinem Herzen.

DIE VERGEBUNG

Sie kommt aus dem Herzen und erreicht Dein
Herz in mehrfacher Power.
Sie vermehrt sich unterwegs.
Sie macht leicht und fröhlich und sehr glücklich.
Sie ist Dein Freund.
Sie muss nicht erlernt werden.
Sie heilt.

Du kannst sie VER – GEBEN.
Sie verlangt nichts zurück.

Spüre das mal.

Genauso kannst Du sie annehmen, wenn sie Dir
gegeben wird.
Fühle mal, was dann mit Dir passiert.

Vergib Dir alles.
Vergib allen alles.

Mach es mal.
Fühle mal was mit Dir passiert.

Es bringt Dich viele Schritte weiter in Deinem
Leben, Du gehst leichtere, größere Schritte.

Vergib Dir - Deine Fehler -
Deine Unwissenheit - Deine Vergangenheit

Geh weiter, geh nach vorn und freue Dich über
JETZT, Vergangenheit sei verziehen, wahrhaftig.
JETZT NEU.

Und wirklich zu Verzeihen und Verzeihung
anzunehmen, fühlt sich unmittelbar an wie ein
Wunder.

Wunder geschehen...wenn Du daran glaubst.

„Sollen doch die anderen damit zuerst beginnen
WENN der sich bessert, DANN bin ich bereit...
ODER BEGINNE ICH?...???"

Ich denke Du kennst die Antwort...

Man kommt in der Freundschaft nicht weit, wenn
man nicht bereit ist, kleine Fehler zu verzeihen.
-Jean de la Bruyère-

MEINE MEDITATION

Wenn ich einfach nicht zur Ruhe komme?
Wenn ich einfach nicht in Stille sitzen kann?
Wenn ich immer so viel denke!
Nein - für mich ist das nichts.
Wieso schaff ich das nicht?
Ich finde immer einen Grund es nicht zu tun!
Was kann ich tun?
Ich würde schon gern meditieren, zur Ruhe
kommen, Stille erfahren...aber...
Warum bin ich nur so unruhig?

Viele, viele Fragen.
Berechtigte Fragen in unsren heutigen Alltag.

Hier ein paar Fragen an Dich, wenn Du sitzen
willst, Ruhe und Stille willst, wenn Du meditieren
willst, und der Geist rattert...

Beobachte Deine Gedanken.

Was denkst Du? Wichtig? Lebenswichtig?
Wie denkst Du? Viel? Durcheinander?
Kreisen Deine Gedanken? Immer wieder das
gleiche? Das Hamsterrad? Suche nach etwas?
Bist Du im Widerstand? Suchst Du etwas zu tun
um nicht zu Denken oder gar um nicht zu fühlen?
Bist du schon im Automatismus?
In der Funktionalität? Gesteuert?
Was fühlst Du? Willst Du es loshaben?

Was kannst Du wahrnehmen? Geräusche? Oder
die Stille und sie macht Dich unruhig? Angst?
Bist du frei?
Wirst Du bestimmt und getrieben? Von was?
Etwas tun zu müssen? Etwas leisten müssen?
Etwas schaffen müssen? Etwas erreichen?
Sind es Deine eigenen Gedanken,
oder woher kommen sie?

Höre auf diese Fragen und beantworte sie,
sei ganz ehrlich.
Du wirst Stille erfahren!
Erkenne alles an, was da kommt.
Du wirst Gelassenheit erfahren
und Du wirst Dich erfahren.
Lasse immer mehr los.
Tue nichts.
Bekämpfe nichts.
Nimm die Stille wahr.
Gib alle Bemühung auf.
Versuche es nicht „richtig" zu machen.
Versuche nicht etwas zu erreichen.
Lasse los.
Es ist.

IN MEINEM LEBEN

In meinem Leben ist es nicht mehr so wichtig,
was, wer über mich denkt.

In meinem Leben ist es nur noch wichtig
was ich über mich denke.

In meinem Leben ist es nicht mehr so wichtig
was andere tun oder nicht tun, solange es mich
oder andere Lebewesen nicht verletzt.

In meinem Leben ist es nur wichtig,
wie ich handle, wie ich spreche, und wie ich mich
dabei fühle.

In meinem Leben erzähle ich nur noch die
Wahrheit,
anderen und auch mir selbst.

In meinem Leben gibt es alle Farben und Facetten,
nichts ist unmöglich, Fehler haben Platz.

In meinem Leben entscheide ich,
in Rücksicht auf das Wohl aller.

In meinem Leben kann ich wählen,
immer.

In meinem Leben muss ich mich nicht über andere
stellen.
Ich kann einfach sein.

In meinem Leben muss ich mich nicht mehr klein
drücken lassen.
Ich kann einfach sein.

In meinem Leben bin ich mit mir
und somit mit allen anderen.

In meinem Leben habe ich gelernt auf mein Herz
zu hören.
Mein Verstand kontrolliert mich nicht.

In meinem Leben kann ich fallen
und ich stehe wieder auf.

In meinem Leben schätze ich die Welt
und erlebe Fülle.

In meinem Leben bin ich nicht mehr abhängig.

In meinem Leben bin ich frei.

Nichts kann mir Frieden bringen, außer ich selbst.

KLEINE ERINNERUNG AN MICH

Sag ja zu grenzenlosen Möglichkeiten!

Das was Du glaubst, das siehst Du.

Das wohin Du siehst, das ist wahr.

Es ist nie zu spät für Veränderung, schiebe es nicht
auf Dein Alter, dann hast Du Dich aufgegeben.

Es ist nie zu spät glücklich zu sein.

Lass die Vergangenheit los, nimm einfach an, als
Erfahrung ohne Emotionen.

Definiere Dich nicht über Meinungen und
Erfahrungen oder Glaubensrichtung:
Prüfe, was davon überhaupt wirklich Deines ist!

Erkenne die Fülle und richte Dich drauf, gib dem
Mangel nicht Deine Aufmerksamkeit.

Mach alles Mal anders, ganz bewusst,
probiere es aus.

Hilf der neuronalen Umstrukturierung ein wenig
auf die Sprünge, in dem Du veränderst,
es tut Dir gut.

Es gibt so viel zu entdecken.

Du bist auch verletzlich.
Du bist auch unverletzlich.
Deine Entscheidung!

Sei mal wieder wie ein Kind, sei ganz unschuldig,
freue Dich.
Tu es für Dich, schenk Dir dieses leichte Herz.

Sei immer ehrlich, sprich aus dem Herzen und
sprich immer die Wahrheit.
Du wirst die Kraft wahrnehmen und Du wirst
empfangen,

Verzeihe Dir.
Verzeih auch mal anderen, wirklich.

Lasse Erklärungen, Verteidigung und Beweise los.

Öffne Dich, sprich und rede über Deine Gefühle,
mit Deinen Freunden, Familie, Mitmenschen,
Therapeuten...wer auch immer gerade für Dich da
ist, es sind einige.

VERTRAUE

Sei einfach Du selbst, zeig Dein wahres Selbst,
hab keine Angst.

Probiere es aus.
Wenn Du Dich wieder mal am Boden zerstört
fühlst, machtlos und unverstanden, wenn es so

scheint als würde alles nur aus Ungerechtigkeit
geschehen, über Dir zusammenstürzen,
und wenn Du denkst und ganz sicher bist auf
jeden Fall Recht zu haben und alles ist so
ungerecht...

dann...trotz all dieser heftigen Gefühle und
Emotionen...

nimm Dir DEINEN Moment Zeit...

spüre nach innen, höre was Dein Herz Dir JETZT
sagen will...

Was wäre denn, wenn Du JETZT loslässt, für einen
Moment?
Wenn Du einfach mal diese Positionierung
loslässt, einen Schritt heraus, eine andere
Perspektive, beobachte, wie ein Zuschauer ein
Spiel beobachtet.

Schau aus anderen Augen, schaue aus DEINEN
erwachsenen Augen:
JETZT,
ohne Deine Geschichte,
ohne diese Glaubensvorstellungen.
Lass alles los was Du jemals gedacht hast, für den
Moment, und fühle...

Was wäre dann? Wenn Du nun nur noch Dich

fühlst? Nur noch fühlst. Was passiert?
Du bist...HIER und JETZT...einfach da und
existent.
Und nun?
Kannst Du neu sehen, anders sehen, klarer sehen?
Eine Neueinschätzung der Situation, Deiner Lage,
Deiner Handlungen, ja auch Deines Denkmusters.
Was hast Du verloren?
WUT?
Angst?
Verzweiflung?
Schwäche?
Mmmh...
Liebe?
Oder hast Du vielleicht gerade Liebe
wahrgenommen und auch wahrgenommen woher
die Liebe kommt...

Wäre das denn soooo schlimm?
Hättest Du dann Dich verloren?
Warum ist die Angst loszulassen so groß?
Du hast es eben getan!!!...Und Du hast gefühlt was
passiert, welche Tore in die Welt sich Dir öffnen.

Deine Reise geht also weiter.
Immer weiter zu Dir selbst.

Immer erst wenn der Schmerz nicht mehr
auszuhalten ist, haben wir das Gefühl, JETZT muss
es ANDERS werden, so geht es keine Sekunde
weiter.

Ja um das zu spüren müssen wir manchmal solche Krisen durchlaufen, sie helfen uns neue Wege zu begehen, den Weg zu uns immer näher, die Berührung mit uns zu erfahren.
Vielleicht können wir uns ab jetzt immer wieder erneuern, oder für Veränderung öffnen, ohne diese enormen Schmerzen, wäre doch schön. Wir bleiben im Hören, in der Achtsamkeit und nehmen wahr, wann es soweit ist, die Richtung zu wechseln.
Vor der Explosion, vor der Katastrophe, vor der Selbstzerstörung!

Wenn ich also sehe, dass Schmerz und Verletzung mir zeigen, etwas zu verändern, lerne ich auch mich kennen. Wenn ich also darauf höre und genau hinhöre, lerne mit dem Schmerz zu sein, mit ihm zu sprechen, dann muss ich nicht mein ganzes Leben etwas verdrängen, verstecken, in mir stapeln bis zum Platzen...
Ich gehe eine Zeit lang gemeinsam mit dem Schmerz, dem Konflikt, höre zu und verstehe, dann können sich unsere Wege wieder trennen.
Dann bin ich kraftvoll, und gestärkt. Energiekann frei fließen und wird nicht blockiert, ich habe nichts verloren, nur gewonnen.
Und wenn es nun jemand doch wieder schafft mich zu verletzen, dann um mir zu zeigen was ich zu tun habe...

NACHWORT

Mein großes Ziel im Leben ist, jeden Tag meines
Lebens zu füllen, mit Freude, auch wenn nur ein
wenig, aber niemals gar nicht.
Das sind die Reise, der Weg, das Ziel.
Der Weg zum Glück zu uns Selbst.
Das ist Wachstum, er-wachsen, er-wachen.
In dem Moment, in dem wir das erkennen, tun wir
es für uns und somit für die Welt, und wir tun es
gerne, jeden Tag und wir tun es ganz ohne Mühe,
ganz natürlich, weil es aus uns entspringt.

Unsere Gefühle sind das Sprachrohr unserer
Quelle, unserer Natur.
Sie sind die Verbindung zu unserer
Menschlichkeit, zur Manifestation hier auf diesem
wundervollen Planeten...
Hör auf Deine Gefühle, sie sprechen die Wahrheit,
und wenn Du zu dem stehen kannst was Du sagst
und tust, denkst und fühlst, dann brauchst Du vor
niemandes Antwort mehr Angst zu haben.

Ich möchte Dir noch eines mit auf den Weg geben:
ich wünsche Dir aus tiefsten Herzen Geduld und
Selbstliebe...pass auf, keinen Reflexionssport zu
betreiben, nicht nur zu wühlen und zu suchen und
zu erkennen, auch das kann anstrengend werden
und somit ist wieder das Fühlen auf der Strecke
geblieben, der Verstand hat einfach die Kontrolle
verschoben.

Schritt für Schritt, gelassen und mit einem großen
Lachen, auch mal über sich selbst...
Das ist die Leichtigkeit, nimm einfach an,
SEI und lass auch mal SEIN.
Es ist ein Wandel.
Wisse auch mal nichts...

Ich wünsche Dir wirklich ein schönes Leben und
ich bin sicher Du wirst es haben.
Du wirst Frieden und Gelassenheit erleben.
Erinnere Dich.

Allen, die dieses mit mir teilen möchten, seien
diese Zeilen gewidmet.
Auch sei es unserer Welt gewidmet, wir achten
und schätzen sie genauso wie wir es täglich mit
uns selbst tun.

DEIN LEBEN
DEINE REISE

Lebe täglich   Freude   Authentizität

Wahrhaftigkeit   Liebe   Wahrheit   Leichtigkeit

Was tut Dir gut?   Wo gehörst Du hin?

Schau auf Deinen Weg   Verzeihe   Lass los

Akzeptiere Erziehe Dich selbst   Spüre Dich

Spüre Deine Kraft   Esse gesund und gut

Bewege Dich   Spüre Deine Kraft

Lass Dich nicht abringen vom Weg

Was fühlt sich stimmig an?

Vermeide Inkohärenz in Deinem Herzen

Öffne Dein Herz in den Raum aller Möglichkeiten

Nimm Freude wahr   Lebe Freude

Spüre Deine Wertigkeit

SEI

DANKE

Danke an alle, die lesen.

Danke an alle, die mit auf Reisen gehen.

Danke an alle, die mich so sehr unterstützt haben auf meinem Weg und die da waren in meinen Tiefen, auch dabei sind auf meinen Höhen.

Danke meine allerliebsten Kinder für Eure Geduld mit mir, wenn ich für Euch nicht da bin, weil ich schreibe, meditiere oder arbeite, ich liebe Euch so sehr, ohne Euch wäre ich nicht da wo ich JETZT bin.

Danke liebste Freundin Angela, Du bist IMMER da, IMMER, und Du hörst, Du bist immer ehrlich, Du bist meine liebe Lebensfreundin, ich möchte Dich niemals missen.

Danke liebe Birgit, liebste Freundin, für Dein DA SEIN, für Deine bedingungslose Bereitschaft IMMER zu helfen, unendliche Geduld in Zuhören und immer wertschätzen was ist, immer suchst Du gemeinsam mit mir nach Lösungen. Ich schätze Dich und will auch Dich nicht mehr missen in meinem Leben.

Danke meine liebe Jalasa für Deine herzliche Klarheit, Deine unfassbare Fröhlichkeit, Du bist mir immer im Herzen auf diesem Weg, und meinem Blick nach vorn, wenn ich Fröhlichkeit vermisse, denn Du bist sie. Amritham Danke, Danke, Danke, Deine Worte habe ich gehört, sie waren Heilung in mir, ich habe gelernt zu sein.

Danke an *DICKERT & JELLENKO, liebe Kalamali

und Satyavan, mit Euch die Zeit hat entscheidende Veränderung und Klarheit in mir hervorgerufen. Danke Premshallah. Danke Shreyasa für Deine Ruhe und Deine Weisheit. Kerstin, Du kraftvolle Begleiterin, Danke. Danke Alexandra. Danke Andrea Bl. Danke Andrea Bu., so schöner wertvoller Austausch, und Danke für Dein so langjähriges Vertrauen. Danke Kesari. Danke Verena. Danke Eva. Danke Bianca für so viele gemeinsame Jahre und gemeinsame Geschichten, Danke an all meine Freunde und Freundinnen. Danke alle Ihr lieben Klienten, ich lerne so viel von Euch und freue mich immer Eure leuchtenden Augen zu sehen. Danke an all meine Therapeuten und Supervisoren, die Ihr mich so sehr in meiner Entwicklung unterstützt habt, und immer noch unterstützt. Danke an meine unglaublich liebevolle Community. Danke an alle, die ich nicht erwähnt habe, aber die ich dennoch schätze und liebe……. Danke Leben.

Behalte Deine Vision im Herzen und glaube daran

Zeitfracht Medien GmbH
Ferdinand-Jühlke-Straße 7
99095 Erfurt, Deutschland
produktsicherheit@kolibri360.de